EL OTRO LADO
DE LA
EFECTIVIDAD

PROFIT
editorial

Profit Editorial, sello editorial de referencia en libros de empresa y management. Con más de 400 títulos en catálogo, ofrece respuestas y soluciones en las temáticas:

- Management, liderazgo y emprendeduría.
- Contabilidad, control y finanzas.
- Bolsa y mercados.
- Recursos humanos, formación y coaching.
- Marketing y ventas.
- Comunicación, relaciones públicas y habilidades directivas.
- Producción y operaciones.

E-books:
Todos los títulos disponibles en formato digital están en todas las plataformas del mundo de distribución de e-books.

Manténgase informado:
Únase al grupo de personas interesadas en recibir, de forma totalmente gratuita, información periódica, newsletters de nuestras publicaciones y novedades a través del QR:

Dónde seguirnos:
 |  @profiteditorial

   | **Profit Editorial**

Ejemplares de evaluación:
Nuestros títulos están disponibles para su evaluación por parte de docentes. Aceptamos solicitudes de evaluación de cualquier docente, siempre que esté registrado en nuestra base de datos como tal y con actividad docente regular. Usted puede registrarse como docente a través del QR:

Nuestro servicio de atención al cliente:
Teléfono: **+34 934 109 793**

E-mail: **info@profiteditorial.com**

CLAUDIO DRAPKIN

EL OTRO LADO DE LA EFECTIVIDAD

CÓMO CONFIAR Y COOPERAR EN LA VIDA PROFESIONAL

Todas las publicaciones de Profit están disponibles para realizar ediciones personalizadas por parte de empresas e instituciones en condiciones especiales.

Para más información, por favor, contactar con: info@profiteditorial.com

© Profit Editorial I., S. L., 2026
© Claudio Drapkin, 2026

Diseño de cubierta: XicArt
Maquetación: Montserrat Minguell

ISBN: 979-13-87796-55-6
Depósito legal: B 4997-2026
Primera edición: Abril de 2026

Impresión: Gráficas Rey
Impreso en España – *Printed in Spain*

Para Marta, Nuria y Elizabeth,
por acompañarme incondicionalmente
en el largo viaje al otro lado de la efectividad.

Trabaja en el mundo invisible al menos tan duro
como lo haces en el visible.
RUMI

Índice

PRÓLOGO
Las dos almas

l testimonio más antiguo de nuestra especie, *Homo sapiens*, en el registro fósil data de hace algo más de doscientos mil años y procede de un yacimiento situado en la desembocadura del río Omo, en Etiopía. Durante casi todo ese tiempo, compartimos el planeta con otras especies humanas, con algunas de las cuales, como los neandertales, llegamos a hibridar. Hace alrededor de treinta mil años, con la extinción de los neandertales, nos quedamos solos, sin que sepamos muy bien por qué nosotros pervivimos cuando el resto de las humanidades se desvanecieron en el tiempo.

Las actuales personas somos realmente peculiares en comparación con las otras especies humanas que han habitado nuestro planeta a lo largo de los últimos dos millones y medio de años. Nuestro cráneo es curiosamente esférico y nuestra barbilla luce un estrambótico saliente al que llamamos *mentón*. Además, somos de tórax estrecho, lo que nos hace menos fornidos, aunque más esbeltos, que otras humanidades pretéritas. Actualmente, la mayoría de los especialistas en evolución humana coinciden en opinar que no fueron nuestras singularidades anatómicas las que determinaron nuestra supervivencia, sino que esta se debió a rasgos de nuestro comportamiento. Sin embargo, no es fácil rastrear en el pasado el comportamiento de las especies para poder diagnosticar con seguridad en qué somos especiales. De esta complicada tarea se encargan la arqueología, que estudia los restos de la cultura material, y la paleoantropología, que se ocupa de los aspectos biológicos a través del estudio de los fósiles.

Tal vez, los dos aspectos de nuestro comportamiento en los que somos realmente peculiares son nuestro exacerbado gusto por la belleza material, que nos lleva a adornarnos profusamente, y nuestra capacidad para comunicar ideas de manera simbólica. El registro arqueológico de nuestra especie es muy rico en objetos de adorno, como cuentas de collar, o en el uso de pigmentos, y el arte rupestre da testimonio del uso de imágenes para la comunicación de ideas. No hay evidencias sólidas de que ninguna otra especie humana se adornara con la prodigalidad de la nuestra, ni tampoco de que plasmaran en un soporte material imágenes naturalistas o símbolos enigmáticos. Estoy entre los que opinan que el adorno personal y el arte parietal están relacionados. Las personas no solo somos muy sensibles a la propia belleza física, a la de los paisajes, los objetos o la de las otras personas, también sentimos una irresistible atracción por la belleza de las ideas. Se podría decir que somos una especie profundamente poética. Pero, para resonar con la belleza de las ideas, es preciso que estas abandonen nuestras mentes y lleguen al mundo material en forma de imágenes y palabras.

En su libro de 1871, *El origen del hombre y la selección en relación al sexo*, Charles Darwin opinaba que uno de los factores fundamentales de nuestro éxito evolutivo radicaba en nuestra extraordinaria capacidad de colaboración, que llega al extremo de que seamos capaces de renunciar a una parte (o incluso a la totalidad) de nuestros intereses en aras del bien común. Es muy difícil de explicar cómo en un mundo regido por la implacable ley de la selección natural, que bien podría denominarse «ley del egoísmo universal», se haya podido seleccionar el comportamiento altruista de nuestra especie. En opinión de Darwin, esto fue posible debido a que la supervivencia de las personas depende directamente del éxito del grupo del que formamos parte, que se encuentra en fuerte competencia con otros grupos humanos. Parece evidente que el nivel de cooperación en el seno de un grupo formado por personas altruistas es mayor que en otro formado principalmente por egoístas. Darwin también pensaba que fueron dos los factores principales que sirvieron de aglutinantes para esos grupos más competitivos. Por un lado, el mecanismo neurofisiológico de la empatía («siento lo que tú sientes»), que habría evolucionado a partir de un sentimiento de simpatía («me caes bien») que es común entre los animales sociales. Por el otro, el hecho de compartir ideas y valores, gracias a que podían ser visualizados y nombrados. Es decir, según Darwin, la clave de nuestro éxito evolutivo está en que formamos grupos que resultan imbatibles cuando compartimos valores, no genes, y, además, nos queremos.

Como ya queda dicho, solo nuestra especie ha plasmado en imágenes sus pensamientos con el propósito de compartirlos con los demás, pero el registro fósil de la evolución humana nos muestra que la empatía no ha sido patrimonio exclusivo de nuestra especie y que se trata de un rasgo muy antiguo en nuestra evolución. Así lo demuestran dos emocionantes casos descubiertos en el linaje de los neandertales. El primero tuvo lugar hace alrededor de medio millón de años en las tierras de la burgalesa sierra de Atapuerca cuando un grupo humano, lejanos antepasados de los neandertales, integró y cuidó a una niña preadolescente que padeció una dolencia que deformo su rostro y le causó retraso psicomotor. Esa niña, cariñosamente apodada como «la Benjamina» (en hebreo significa 'la más querida') por sus descubridores, no habría podido sobrevivir hasta los diez años si no hubiera sido aceptada por su grupo y si no hubiera recibido más cuidados que el resto de los niños. El segundo caso, recientemente descubierto, también es el de una niña neandertal que vivió hace más de cien mil años en las tierras cercanas a la actual ciudad de Xàtiva y que sobrevivió entre seis y once años con síndrome de Down y aquejada de sordera severa y graves problemas de equilibrio. También esa niña, apodada como «Tina» (en honor a su descubridor, Valentín Villaverde) requirió de la ayuda y el cariño de todo el grupo para poder vivir durante tantos años. Es evidente que en ambos casos se trató de auténtico altruismo, pues ni la Benjamina ni Tina tenían ninguna posibilidad de corresponder al cariño de los demás con algo más que no fuera su propio amor.

Los casos de la Benjamina y Tina muestran la existencia, en un linaje evolutivo diferente del de nuestra especie, de grupos humanos tan fuertemente cohesionados que eran capaces de aceptar, cuidar y querer a sus miembros más vulnerables, incluso en las durísimas condiciones de vida de los cazadores-recolectores prehistóricos. También nos ilustran sobre la importancia que han tenido para nuestra exitosa evolución los vínculos personales, pues estos determinaban la fuerza de los grupos. Así, durante decenas de miles de años, la evolución forjó lo que podríamos llamar nuestra «alma paleolítica», que es la base de nuestro comportamiento social. El alma paleolítica consiste en una serie de comportamientos y capacidades innatas que nos permiten reconocer, a través de sus actos, las cualidades y los defectos de los demás y así distinguir a las personas generosas de las ruines, a las valerosas de las timoratas, a las merecedoras de confianza de las veleidosas. También somos capaces de reconocer el liderazgo de algunas personas, aquellas a las que dirigimos nuestra mirada en momentos de dificultad e incertidumbre. Los engranajes de nuestra alma paleolítica se encuentran en nuestro acervo genético, tamizado y seleccionado durante decenas de milenios, y son comunes a toda la humanidad. Por ello, todas las personas compartimos, matizado por cada cultura, un mismo sentido de la decencia, de la justicia y de la injusticia, o de lo que hace a una persona fiable o la convierte en sospechosa.

Hace alrededor de diez mil años, con la retirada de los hielos de la última gran glaciación, las personas aprendimos, en diferentes partes del mundo, a domesticar a las plantas y los animales. Había acabado el Paleolítico y comenzaba una nueva época: el Neolítico. Seguramente, el Neolítico ha sido la más importante y profunda revolución de nuestra historia. Entonces, cambió nuestro sistema económico, que pasó de ser extractivo a productivo. Así surgió la necesidad de poseer la tierra, para asegurar los pastos y los cultivos, y nos asentamos en núcleos de población, algunos de los cuales crecieron descomunalmente hasta dar lugar a las ciudades. El Neolítico también modificó la percepción de nuestro lugar en el mundo: dejamos de considerarnos hijas e hijos de la Tierra para creernos sus propietarios, y nos enfrentó a un mundo para el que nuestra alma paleolítica no nos sirve de ayuda. En el mundo neolítico ya no podemos conocer personalmente a todos los integrantes de nuestro grupo, y nuestro bienestar, e incluso nuestra supervivencia, depende a menudo de personas que nos son completamente desconocidas. Las relaciones sociales basadas en el conocimiento personal fueron sustituidas por las jerarquías rígidas, por las religiones normativas, y el trueque de bienes y servicios se vio reemplazado por el dinero. Bien se podría decir que el Neolítico es la época de los organigramas frente a la de las relaciones personales. Desde entonces, las personas vivimos en un mundo bidimensional. Nuestra vida cotidiana, en la familia y el trabajo, sigue organizada en torno a pequeños grupos en los que los miembros se conocen bien (incluidos los consejos de administración de las grandes corporaciones) y en los que siguen rigiendo las normas de las relaciones personales. En este nivel, nuestra alma paleolítica nos sigue guiando y nos sentimos cómodos. Pero a la vez, formamos parte de grupos mayores determinados por normas artificiales que nos son emocionalmente extrañas y ante las que nos sentimos huérfanos. En el mundo neolítico nada nos es intuitivo y solo nos vale el conocimiento de las leyes y el de la organización del sistema.

Sin embargo, es posible el plantearse la viabilidad de construir también un alma neolítica a partir de los cimientos de nuestra alma paleolítica. A fin de cuentas, por muy numerosos y complicados que sean, los grupos humanos siguen estando formados por personas. Parece evidente que aquellos grupos que consiguieran alinear ambas almas, la paleolítica y la neolítica, funcionarían mucho mejor, al rebajar el nivel de conflicto entre ambas y hacernos la vida más sencilla y feliz.

En este empeño se enmarca el libro de Claudio Drapkin. Partiendo del maravilloso ejemplo, plenamente paleolítico, de la venta de las gallinas entre los mapuches, Claudio va construyendo un sistema relacional coherente con el mundo neolítico y que está enraizado en dos de las cualidades primordiales de nuestra alma paleolítica: la confianza y la cooperación. Como muy bien explica Claudio, solo la auténtica confianza, basada en el conocimiento leal de los otros, abre la puerta a una cooperación fructífera.

Me siento plenamente identificado con el mensaje profundo de este libro y, lo que quizá es más importante, a lo largo de sus capítulos he encontrado excelentes estrategias e ideas para aplicar la sabiduría de mi alma paleolítica a la organización y el funcionamiento del equipo de investigación del que formo parte. Muchas gracias, Claudio, por aportarnos tu reflexión y tus conocimientos y, muy especialmente, por tu visión integradora de nuestras dos almas.

IGNACIO MARTÍNEZ MENDIZÁBAL
Catedrático de Antropología Física, Universidad de Alcalá
Codirector del Equipo de Investigación de Atapuerca

INTRODUCCIÓN
¿A quién vendo mis gallinas?

En el verano de 2012, tuve la ocasión de visitar la zona de Temuco, al sur de Chile. Durante esos días, en medio de los paisajes verdes de la Araucanía, descubrí una enseñanza que se ha quedado conmigo todos estos años: en los mercadillos mapuches, las gallinas no se venden a cualquiera.

Los mapuches, u *hombres de la tierra* (*mapu*, 'tierra', y *che*, 'hombre'), son un pueblo indígena cuya historia está marcada por la resistencia. Durante más de tres siglos, los conquistadores españoles no lograron colonizar plenamente su territorio. Esta capacidad de persistencia y defensa no solo habla de una fuerza militar o estratégica, sino de una manera profunda de habitar el mundo, de relacionarse con él y entre ellos.

Allí aprendí que para los mapuches las relaciones de confianza están íntimamente ligadas a su vínculo con la naturaleza. No se trata de una confianza ingenua o contractual, sino de una confianza relacional, casi espiritual. La misma estima que tienen hacia la madre tierra —esa creencia de que, si la respetas, ella te proveerá— la trasladan a sus vínculos humanos. Se trata de un lazo de afecto y respeto mutuo. Una especie de pacto invisible que sostiene el equilibrio de dar y recibir, de ofrecer y cuidar, de confiar y corresponder.

Por eso, cuando un mapuche ha de vender sus gallinas, no es el precio lo primero que negocia. No es la preocupación por la efectividad de la transacción lo que lo mueve. Lo que guía inicialmente su acción es la relación. Por ello, antes de hablar de pesos o de gallinas, se interesa por el otro y le pregunta: ¿De dónde viene usted? ¿Quiénes son sus padres? ¿Dónde vive? ¿Cerca de quién habita? ¿Tiene hijos? ¿Tiene otros animales? ¿Cómo los cuida?

Eso lleva tiempo. No es un trámite. Es un rito, una manera de situar a la otra persona en una red de vínculos, de historia, de afectos. Solo si lo que el otro dice resuena en el mapa de significados propios, solo si aparece una coherencia entre lo que dice y lo que irradia, entonces se establece la posibilidad del intercambio. Una gallina no se vende a cualquiera, porque no es un objeto más: es vida que ha sido criada, cuidada, alimentada. Y se entrega —con precio, sí, pero también con intención— a quien merece seguir esa relación de cuidado.

Esa escena me dejó una huella. Porque, sin plantearlo por escrito en ninguna parte, habla de un modelo de sociedad en el que confiar no es una excepción, sino una forma de estar en el mundo. Una práctica cotidiana. Un acto profundamente político y radical. Muchas veces, en nuestras culturas hiperproductivas, el acto de confiar se reduce a un mecanismo: una firma, una cláusula, una garantía. Y cooperar se convierte en una consigna bien intencionada, pero desgastada por la sospecha o por la urgencia de ser efectivos consiguiendo resultados.

Este libro nace como un intento de volver a formular la pregunta «¿Qué es esto de confiar y cooperar?». No desde la teoría pura, ni desde la idealización de comunidades ancestrales, sino desde la convicción —nacida del trabajo cotidiano en organizaciones, equipos y relaciones humanas— de que solo cuando hay un suelo común de confianza podemos imaginar juntos posibilidades compartidas. De que la confianza y la cooperación son los requisitos invisibles de la efectividad, el «otro lado» de la efectividad humana.

Este libro no es solo una anécdota ni una metáfora simpática que ya recogí y reseñé en mi primer libro, *Verdades en juego* (Códice), en 2014. Es una invitación a detenernos un poco más antes de firmar. A escuchar un poco más antes de suponer. A preguntar de dónde viene el otro antes de juzgar su manera de hacer. A darnos cuenta de que los resultados se sostienen en la trama de relaciones que los hacen posibles. A construir espacios donde confiar y cooperar no sean palabras grandes, sino prácticas vividas que proyecten la sostenibilidad de los resultados en el largo plazo. A mirar con detenimiento el otro lado de la efectividad.

Este libro va de eso. De cómo construir confianza en las organizaciones cuando hay miedo. De cómo cooperar en los equipos profesionales cuando hay presión. De cómo, desde tareas de liderazgo como las de dirección general, o de personas, u otras direcciones funcionales, e incluso desde la consultoría, practicar el oficio de tejer relaciones humanas con calidad en entornos que premian la velocidad, el control y la desconfianza.

Ojalá que, al leerlo, algo de lo mapuche despierte en nosotros. Que miremos nuestras relaciones —personales, profesionales, organizacionales— como espacios sagrados. Y que, antes de vender nuestras gallinas, nos tomemos el tiempo de mirar al otro a los ojos y preguntarle: y tú, ¿de dónde vienes?, ¿qué necesitas?, ¿qué podemos construir juntos?

CLAUDIO DRAPKIN
L'Armentera, julio 2025

1
Cuando vamos sin red, lo mejor es ir de la mano

No es solo que el mundo cambie atropelladamente. Es que ya vivimos en el mundo respirando un aire denso de incertidumbre y sintiendo cómo la complejidad nos ha atrapado.

Volátil, incierto, complejo, ambiguo, frágil, ansioso, no lineal, incomprensible… Ya no son etiquetas del contexto: son emociones colectivas. VUCA y BANI han dejado de ser marcos teóricos para convertirse en estados de ánimo. Lo notamos en las noticias matutinas, en las conversaciones de cafetería, en las reuniones, en las encuestas de clima, en las exigencias de nuestros clientes, en las expectativas de los accionistas, en las decisiones que tomamos sin descanso. La incertidumbre invade cada planificación; la complejidad desborda los departamentos; la ambigüedad impregna cada interacción. Es como caminar por el mundo sin red de seguridad alguna.

Este clima emocional tiene una explicación: los eventos que vivimos son el resultado de la complejidad en estado puro y de una de sus características principales: la exponencialidad. Durante años se han incubado condiciones que, de pronto, estallan con fuerza multiplicada. Veamos algunos ejemplos:

- **Interconexión global (efecto red).** Un cambio político o climático local puede tener efectos en cadenas de suministro globales en días u horas. Lo vivimos en España durante el apagón del 24 de abril de 2025. La mayor volatilidad, la necesidad de resiliencia y la necesidad de anticipación en la gestión aumentan la presión.
- **La propagación de fenómenos (epidemias, información, rumores).** Un ejemplo dramático: la COVID-19 y las *fake news* se

expanden con lógicas exponenciales, lo que requiere de modelos predictivos, adaptación continua y la construcción de procesos confiables como activo estratégico.

- **La aceleración del ciclo de vida de productos y conocimientos.** El conocimiento técnico queda obsoleto más rápido: lo que aprendiste hace cinco años puede ya no ser aplicable. Aparece la necesidad de aprendizaje continuo, *reskilling*, y culturas adaptativas y ágiles.
- **Avance de la inteligencia artificial**: el rendimiento de los modelos de IA (como ChatGPT y otros tantos) se multiplica año a año con más datos, más parámetros y mayor adopción. El impacto organizativo resultante es la necesidad de repensar la automatización de tareas cognitivas, el rediseño de puestos de trabajo y la aparición de nuevos dilemas sobre el rol humano en la toma de decisiones.
- **La adopción tecnológica acelerada.** Por ejemplo: la inteligencia artificial de Meta alcanzó los mil millones de usuarios en unos meses. TikTok requirió cinco años para llegar a esa cifra, y la televisión, como invento doméstico, tardó 22 años. Esto arrastra posibles cambios súbitos en hábitos de consumo, comunicación y reputación, las organizaciones deben aprender y adaptarse rápidamente.

Y cuando la exponencialidad nos alcanza, nos sentimos en caída libre. Como un salto, otra vez, sin red, sin final a la vista. Todo se transforma a gran velocidad; lo que nos es familiar desaparece; nuestras certezas se desvanecen. Y con ellas, surge el miedo. El miedo activa en nosotros una necesidad muy primaria: sentirnos seguros; y, a la vez, otra necesidad secundaria pero igual de movilizadora: vislumbrar posibilidades de futuro.

Seguridad y posibilidad. Son las dos necesidades que nos empujan a buscar respuestas, y que todo colaborador en nuestras organizaciones quiere ver satisfechas. Pero no desde las viejas certezas. No en estructuras rígidas ni en protocolos. Tampoco en promesas vacías, discursos huecos o profetas de tribuna.

Ambas son necesidades esencialmente relacionales, que se «cocinan» en la vivencia de los vínculos. En confiar en que el otro estará ahí, en saber que podremos coordinar acciones y dar respuestas en medio del desconcierto. Y en ser consciente de que la salida son los vínculos, las relaciones vivas entre personas.

Sin embargo, muchas organizaciones no responden así. Como explican Morieux y Tollman en *Six Simple Rules*, frente al miedo optan por la vía de la complicación: más reglas, más procesos, más controles. Sin embargo, hacerlo no les aporta claridad, sino opacidad. No les proporciona agilidad, sino rigidez. Desarrollan una ilusión de control que bloquea la capacidad de adaptación.

Cada capa de control lleva implícita una sospecha: «No confío en ti, por eso te encierro en un procedimiento». Cada regla sin conversación es una relación perdida. Cada protocolo sin contexto, un obstáculo para la colaboración.

Complicar procesos no es gestionar la complejidad. Esta requiere cooperación, aprendizaje, innovación. La complicación, en cambio, bloquea la confianza y la cooperación. En lugar de relaciones, crea dependencia burocrática. En un mundo de cambio constante, esto no solo es ineficaz, sino que se convierte en un peligro y en una desventaja estratégica.

Por eso, caminar de la mano se vuelve un acto radical. Va a la raíz: a la esencia relacional de los espacios de trabajo. Más que reglas, las organizaciones necesitan mejores relaciones. Más que procesos, propósito compartido. No se trata de eliminar estructuras, sino de reequilibrar el sistema, de recuperar la centralidad de lo relacional. No como eslóganes, sino como prácticas vivas. Porque confiar y cooperar no es ingenuo: es arriesgado. Y, por eso mismo, transformador.

Confiar en el otro es aceptar, es exponerse, asumir que puedo ser defraudado. Cooperar es renunciar al control de lo propio para crear algo común. No es fácil, pero es imprescindible. En un mundo sin red, lo que nos sostiene es lo que construimos juntos. Y eso exige la valentía de ir de la mano.

Desde aquí nace este libro. No solo para hablar de confianza y cooperación como valores deseables, sino como cimientos de una arquitectura organizativa sostenible. La confianza y la cooperación, juntas, ofrecen una respuesta profundamente humana a un entorno profundamente incierto.

En los próximos capítulos exploraremos cómo se construyen —y destruyen— la confianza y la cooperación. Cómo diseñar organizaciones que las propicien y cómo liderar equipos donde florezcan. Qué metodologías nos ayudan a convertir estos principios en acción. Pero antes necesitamos reconocer este punto de partida: el mundo ya no ofrece red. Y por eso, más que nunca, necesitamos ir de la mano.

2
La rebeldía de confiar y cooperar

En el mundo actual, tanto la confianza como la cooperación se han convertido en actos de rebeldía lúcida y necesaria.

¿Rebeldía frente a qué? Frente a un contexto que nos empuja a reaccionar, a protegernos, a desconfiar, a sobrevivir cada uno por su cuenta. Practicar la confianza y la cooperación cuando imperan la incertidumbre, el mecanicismo resultadista focalizado en lo económico, la sospecha de las relaciones interesadas o la lógica del interés individual no es ingenuidad. Es una decisión lúcida. Un acto de conciencia. Una toma de postura frente a lo que parece inevitable.

Por eso decimos que confiar y cooperar no son solo imperativos funcionales y económicos, sino posicionamientos directivos con sentido: una declaración de cómo queremos estar en el mundo profesional y construirlo con otros.

En ese sentido, crear culturas de confianza y cooperación —esto es: sostener creencias, valores y prácticas que las favorezcan— también se convierte en un acto de rebeldía. Porque implica resistir inercias, modelar otras formas de estar, decidir, implementar y apostar por un «nosotros de calidad».

Ahora bien, transformar culturas no es algo que se logre por decreto, ya que la cultura no es simplemente un conjunto de normas compartidas ni un manual de buenas intenciones, sino una forma de leer la realidad y actuar a partir de esa lectura. Transformarla implica también una transformación epistemológica: cambiar el punto de vista desde donde miramos. Y hay, al menos, tres maneras de hacerlo:[1]

ABRIR: abrir nuevas posibilidades de comportamiento, de relato, de creencias, aportando novedad o disrupción en lo cotidiano para cambiar lo que vemos, decimos y creemos. Introducir quiebres en las narrativas y prácticas abriendo espacio a lo inédito, a lo emergente. Es lo que supondría, en una cultura muy jerárquica, abrir posibilidades a decisiones distribuidas (y romper la línea jerárquica).

RESIGNIFICAR: indagar nuevas formas de ver y relatar la organización y su contexto, reformulando y reinterpretando lo existente para dotarlo de un nuevo sentido; tomar las preguntas actuales y darles nueva forma, generar significados nuevos a la experiencia organizacional y desafiar las certezas desde las que operamos. En una cultura del «control», resignificar consiste en trascender las acepciones de «vigilancia» y de «cuidado riguroso de la calidad» para adoptar la de «camino hacia la excelencia».

DECIDIR: fijar una posición clara, esto es, decidir cómo queremos que sean las cosas y sostener la posición, de tal manera que los demás puedan posicionarse en relación con aquello que se ha fijado. No esperamos consensos previos, sino que creamos un nuevo punto de anclaje para que el sistema se movilice. Es lo que pasaría si en una empresa se sustituyeran las oficinas de los directivos y todos los espacios se convirtieran en compartidos al 100%.

Por esta razón, crear cultura de confianza y cooperación es, en definitiva, un acto de rebeldía lúcida, un gesto político y emocional al mismo tiempo. Y también una forma de cuidar el futuro.

Pero… ¿y si en realidad la gran rebeldía consistiera en sumar el verbo *recuperar* a los verbos *abrir, decidir* y *resignificar*? Recuperar recuerdos perdidos en los recovecos de nuestra memoria colectiva. Volver a poner

---

1 Esta distinción se la debo a mi colega Loreto Rubio-Odériz, quien ha ejercido como consultora y directora general, y es la autora del libro *Os necesito a todos* (LID Editorial).

en valor nuestra memoria olvidada y regresar a lo básico del ser humano, a reconectar con nuestro propio ADN.

Quizá es momento de recuperar la memoria sobre algo que es, en realidad, constitutivo de los seres humanos. Porque, si no lo hacemos, podemos seguir pagando un precio elevado que toma forma de mayor estrés, menos salud mental, peores decisiones, efervescencia emocional, relaciones defensivas, emergencia de conflictos, pérdida de agilidad, costosa productividad y posible pérdida de sentido profesional. Todos estos son los costes de no sentirnos seguros o no atisbar posibilidad o sentido de futuro.

Llegados a este punto, me parece relevante contar dos historias científicas que nos ayudarán a recuperar la memoria.

UNA HISTORIA SOBRE LA SEGURIDAD

La primera ocurrió en Burgos, en el Museo de la Evolución Humana,[2] donde hace algunos años tuve la oportunidad de conocer, junto a otros colegas, a Ignacio Martínez Mendizábal, doctor en Biología, socio de honor de la UNESCO, uno de los especialistas en evolución humana más destacados a escala internacional y miembro del equipo investigador de los yacimientos de Atapuerca. Y, además, un excelente narrador de historias, de nuestras historias, las de nuestra especie.[3]

Ignacio nos contó una de ellas, que se sitúa en la Sima de los Huesos, lugar en el que las excavaciones arqueológicas han rescatado más de 7.500 huesos pertenecientes a 28 individuos neandertales que vivieron allí hace 500.000 años. Entre esos huesos se encontraron varias piezas que pertenecían a un cráneo que, al ser reconstruido, resultó ser de una niña de unos 10 o 12 años. La fabulosa precisión de los paleoarqueólogos mostró que la niña había padecido craneosinostosis, una patología que llevó a sus huesos a fusionarse antes de tiempo y que impidió que su cráneo creciera con normalidad. Además, la morfología de la mandíbula evidenciaba una deformación de la cara y el encéfalo, compatibles con un retraso psicomotor. La niña, pues, era deforme y lenta, y, aun así, el grupo al que pertenecía no la rechazó. Otras especies, en esos contextos

---

2 *www.museoevolucionhumana.com*
3 Ignacio ha tenido, además, la enorme gentileza de prologar este libro.

y momentos, la hubieran rechazado por ser la más débil. Sin embargo, nuestra especie no lo hizo, la cuidó y protegió hasta que, por otras razones, falleció.

Sin duda, ya nos hemos olvidado de que nuestra especie, hace más de 500.000 años, ya practicó el cuidado del otro, de un otro diverso y distinto, y que requería aceptación y seguridad para seguir existiendo. Por esta razón, como señala Ignacio en el prólogo de este libro, el equipo de Atapuerca la bautizó como «la Benjamina», que en hebreo significa 'la preferida', 'la más querida'. A lo que Ignacio añade que tal vez, en un guiño conmovedor, nos encontramos con el primer vestigio del «amor fosilizado» y que ello muestra que «el éxito de la evolución del hombre se basa en individuos que se cuidan, colaboran y son capaces de sacrificar sus intereses individuales en aras de un bien común, un altruismo único en la especie humana».

UNA HISTORIA SOBRE LA POSIBILIDAD

La segunda historia ocurrió en Leipzig, en los laboratorios del Instituto Max Planck, en los que su codirector, Michael Tomasello, psicólogo y lingüista, dirige experimentos sobre la cooperación entre humanos. A Tomasello no he tenido la oportunidad de conocerlo personalmente, pero sí a su trabajo cuando escribimos nuestro libro *La empresa total*, publicado en 2017. Explorar el territorio de las relaciones nos llevó a interesarnos a fondo por los estudios que existían sobre cooperación, y algunas de las principales conclusiones las encontramos en su libro *¿Por qué cooperamos?* (Tomasello *et al.*, Katz Editores, 2010) y en algunos vídeos que pudimos encontrar en internet. En esos vídeos podemos comprobar que niños de muy corta edad (3-5 años), de manera absolutamente desinteresada y sin ningún estímulo a favor, ayudan a adultos a resolver problemas que por sí solos parece que no pueden resolver, ya sea abrir una puerta, ordenar objetos o recoger una pieza del suelo.

Una y otra vez, los niños acuden a la ayuda del adulto sin esperar nada a cambio, y por ello Tomasello afirma: «Una de las cosas que hemos hallado en nuestros estudios con niños es que los más pequeños empiezan a cooperar de manera indiscriminada. Pero, cuando crecen, comienzan a preocuparse de si alguien les está mintiendo o se están aprovechando de ellos. [...] Es su relación con la autoridad y la reciprocidad la que modifica el impulso cooperativo inicial. En el extremo se podría afirmar la versión rousseauniana de que nacemos puros y la sociedad nos corrompe. Pero, en cualquier caso, la gran conclusión es que lo que hace que los humanos sean únicos en este mundo biológico deriva de su manera de relacionarse, de la cooperación».

Sin duda, nos hemos olvidado también de que nacemos con un ADN cooperativo, que ya tenían nuestros antepasados neandertales, pero que en nuestra evolución cultural hemos taponado en función de cómo nos relacionamos con la autoridad y la reciprocidad.

Me aventuro a proponer algunas conclusiones sobre las dos historias anteriores que son transferibles al contexto organizacional y que forman parte de la base conceptual y práctica de este libro. Y lo hago con suma prudencia y humildad, no con la intención de pontificar, sino como resultado de muchas horas de arremangarme en las salas de trabajo con directivos:

- **Construir seguridad es construir confianza.** Y construir confianza es ser confiable para los demás. Y es a través de mostrar competencia en hacer lo que se espera de nosotros, en mostrar responsabilidad con los compromisos que alcanzamos y en ser honestos con lo que afirmamos que creamos condiciones de seguridad para los demás cuando se relacionan con nosotros. Es así como nos ganamos su confianza y es así como podemos contribuir a reducir la percepción de incertidumbre en los contextos profesionales a los que pertenecemos.
- **Construir posibilidad es construir cooperación.** Y construir cooperación no es conseguir un objetivo trabajando todos juntos. Ese es solo el resultado. Cooperar es impactar de manera activa y comprometida en la consecución de los retos de nuestros colegas, como si fueran propios. Y, de manera recíproca, que nuestros colegas impacten de manera positiva en los nuestros. Solo así podremos conseguir el objetivo conjunto de manera equilibrada.
- **Construir confianza y cooperación es una función básica de la dirección y el liderazgo.** Ya que, lamentablemente, estamos pagando un precio elevado por habernos olvidado de que venimos al mundo preparados para confiar y cooperar de manera indiscriminada, alguien nos lo tiene que recordar. Y ese debe ser el director y líder. Como dice el profesor David Niño, del MIT, líder

es toda aquella persona que se ocupa de una necesidad desatendida de un equipo, y por ello es función del líder crear las condiciones para que confiemos y cooperemos. En algunas ocasiones, lo hace inspirando desde su liderazgo y, en otras, como director, mostrando sin cuartel los límites de lo que significa estar dentro y fuera del campo de juego de la confianza y la cooperación.

- **Confiar y cooperar tiene costes.** Costes humanos, emocionales y estratégicos. Los costes del esfuerzo continuo que implica seguir siendo confiable en cualquier contexto y los costes de la renuncia que, en ocasiones, implica empezar a relacionarnos en cooperación.
- **Confiar y cooperar no es nada fácil e implica crear las condiciones adecuadas.** No podemos pedir simplemente a nuestros equipos que confíen y cooperen. Tenemos que crear condiciones que faciliten la confianza (por ejemplo, realizar acciones preventivas de mejora relacional entre equipos) y la cooperación (como en ciertos contextos, crear zonas «grises» de responsabilidad para forzar la cooperación y el entendimiento entre las partes).

Creo que es momento de pensar en nuestro rol de líderes y directores. Es momento de analizar y detectar en qué circunstancias el uso de nuestra autoridad y de la reciprocidad abre o cierra posibilidades para la confianza y la cooperación.

Y creo que es momento de apostar decididamente por recuperar nuestra memoria ancestral y de que dejemos de pagar un precio por no hacerlo. Reconectar con la esencia de nuestro pasado puede abrir las puertas de nuestros equipos a un futuro con mayor sentido y esperanza.

En el próximo capítulo explicaremos los detalles del campo de juego en el que hemos de hacerlo posible. No es cualquier campo, tiene sus reglas y principios. Y hay que conocerlas.

3
El campo de juego: los sistemas organizacionales

lgo bello se esconde detrás de la palabra *relación*. Una belleza casi olvidada. Su origen etimológico proviene del latín *relatio*, un término compuesto por tres partes: *re*, que significa 'volver'; *lat*, que alude a *llevar*; e *io*, que remite a la acción. Relacionarse, entonces, es más que conectar: es volver a llevar algo de un lado a otro, una y otra vez, en una especie de danza continua que nos implica y nos transforma.

Y no hablamos de cosas materiales. Lo que «llevamos» en una relación son elementos mucho más sutiles y poderosos: sentido, energía emocional, conocimiento, experiencia, memoria, reconocimiento, expectativa, miedo, promesa... Lo que circula entre nosotros cuando nos vinculamos no es solo información o tarea: es humanidad en movimiento.

Desde esta mirada, «tener una relación» significa estar dispuesto a abrir un canal de flujo. Un canal por el que algo importante pasa y vuelve a pasar, dejando huella, modificando lo que toca. Y es precisamente ese flujo —esa circulación de lo que importa— lo que mantiene viva una relación. Porque si nada fluye, si nada se mueve entre nosotros, la relación se congela, se opaca, se disuelve.

Este acto de ir y venir no es accesorio: es central. De hecho, podríamos decir que una organización no es, en su esencia más profunda, un conjunto de personas que trabajan juntas, sino una red viva de relaciones que producen —o impiden— resultados. Cada vínculo es un hilo. Y cada hilo, una posibilidad: de sostén o de ruptura, de avance o de estancamiento, de creación o de desgaste.

Por eso este capítulo no va sobre estructuras ni jerarquías, aunque inevitablemente las roce. Va sobre algo más profundo y frágil: los sistemas relacionales que habitamos y que, al mismo tiempo, nos habitan. Esos sistemas invisibles que tejen nuestra experiencia organizacional, que hacen posible (o imposible) la confianza y la cooperación.

UNA PREGUNTA ANTIGUA

¿Y qué sentido tienen nuestras relaciones? Esta no es una pregunta menor. Ni nueva. Es, quizá, una de las más antiguas que nos hemos formulado como especie. Y también una de las más fundamentales.

Porque si hay algo que nos define como humanos, no es tanto la razón, ni siquiera el lenguaje, sino la necesidad profunda —y radical— de estar y relacionarnos con otros seres humanos. No podemos vivir sin vínculos. No somos seres aislados que aprenden a relacionarse: somos seres relacionales que, en ocasiones, sufren la separación. La interdependencia no es una opción elegida, es la condición de nuestra existencia.

Nacemos antes de estar listos para sostenernos solos. Un ternero, a la hora de nacer, ya puede ponerse en pie y seguir a su madre. Un polluelo, en cuestión de semanas, abandona el nido. En cambio, un ser humano necesita meses para caminar, años para hablar con fluidez, y toda una vida para aprender a convivir. Sin el cuidado, sin la presencia del otro, simplemente no sobrevivimos. No basta con que nos alimenten. Necesitamos que nos miren, que nos nombren, que nos reconozcan. Porque lo que da forma a nuestro cuerpo es la nutrición, pero lo que da forma a nuestra identidad es la relación.

Numerosos estudios en psicología del desarrollo lo han demostrado: un bebé puede tener cubiertas todas sus necesidades físicas y, sin embargo, si carece de estímulo afectivo y contacto emocional, su desarrollo se ve gravemente afectado. En los años cuarenta del siglo pasado, el psicoanalista René Spitz analizó las condiciones —a menudo dolorosas, cabe recordarlo— de los orfanatos de la época. Dejó claro que el afecto no es un suplemento: es un alimento. Sin relación, no hay crecimiento. Sin reconocimiento, no hay identidad.

Con el paso de los años, esta necesidad se transforma, pero no desaparece. Ya no se trata solo de sobrevivir, sino de encontrar sentido. Y el sentido no se construye en soledad. Necesitamos espejos que nos devuelvan una imagen de quiénes somos. Necesitamos relatos compartidos, palabras cruzadas, presencias que nos sostengan. Necesitamos poder decir «aquí estoy» y que haya alguien del otro lado que responda «te veo».

Relacionarnos, en este sentido, no es solo un acto social: es un acto de confirmación existencial. Es a través del «otro» que nos volvemos «alguien». Es en este lazo donde se teje el «yo».

VIVIMOS Y TRABAJAMOS EN RED

En el mundo del trabajo —como en la vida— no nos movemos solos. Aunque a veces nos guste creer en la ilusión del individualismo, lo cierto es que cada uno de nuestros actos se entrelaza con los de otros. Estamos tejidos en redes. Redes de colaboración, de intercambio, de influencia, de afecto. Redes que hacen posible que algo fluya… o que se bloquee. No obstante, estas redes no son solo agrupaciones de personas. Son algo más profundo: son sistemas relacionales.

Un sistema relacional es una configuración viva de vínculos interdependientes. No se trata simplemente de que en una organización «haya muchas relaciones», sino de que esas relaciones estén organizadas, se afecten entre sí, creen patrones y produzcan efectos que ningún miembro, por separado, podría generar.

En un sistema relacional, lo importante no es la fuerza de cada nodo —es decir, de cada persona o rol—, sino la calidad del tejido que los une. Una organización puede tener profesionales brillantes, motivados, competentes…, pero, si la relación entre ellos es débil, desconfiada o tensa, el sistema entero se vuelve frágil. Por el contrario, una red bien tejida puede sostener incluso a miembros en crisis. La fortaleza de un sistema no está en la suma de sus partes, sino en la potencia de sus vínculos.

Como todo sistema vivo, un sistema relacional tiene ciertos elementos esenciales:

- **Un propósito:** una razón de ser que articula las energías y orienta las acciones. Por ejemplo, un equipo de cuidados paliativos no existe solo para aplicar protocolos médicos, sino para acompañar la muerte con dignidad. Esa finalidad da sentido a las decisiones, a las conversaciones, incluso a los silencios.
- **Una identidad:** una forma particular de ser y de actuar en el mundo. No es lo mismo una red de voluntariado social que una *start-up*

tecnológica. Cada sistema posee un modo singular de comprender el éxito, de relacionarse con el error, de definir qué es lo correcto.

- **Unos límites:** toda red tiene un «dentro» y un «fuera». Un conjunto de fronteras que la definen y que regulan qué entra, qué se queda fuera y cómo se gestiona la diferencia. Por ejemplo, una organización que se abre a la diversidad cultural necesita redefinir sus límites: ¿quién pertenece?, ¿quién decide, ¿a quién representa?

Y además de estos elementos estructurales, los sistemas relacionales comparten ciertas características que nos ayudan a entender cómo funcionan:

- **Interdependencia:** nada de lo que hacemos lo hacemos solos. Cada acción —o inacción— resuena en la red. Un líder que calla, un compañero que interrumpe, una persona que escucha de verdad… todo tiene efecto.
- **Circularidad:** las relaciones no siguen un patrón lineal de causa-efecto. Lo que ocurre entre las personas suele volver, transformado, en forma de consecuencia: si siembras control, cosechas miedo; si siembras confianza, cosechas iniciativas. No siempre de inmediato, pero sí de forma inevitable.
- **Emergencia:** lo que el sistema produce —su cultura, su clima, su manera de afrontar retos— no puede explicarse solo por la suma de sus miembros. Aparece algo nuevo, algo que emerge del patrón de las interacciones. Como la melodía que no está en las notas individuales, sino en su combinación.
- **Redundancia funcional:** los sistemas sanos desarrollan la capacidad de compensarse. Si alguien está atravesando una dificultad, otro puede cubrirlo. Si un rol queda momentáneamente vacío, alguien más lo asume. Esta capacidad de sostenerse entre sí da resiliencia…, pero también tiene un límite. Cuando pocos sostienen mucho durante demasiado tiempo, el sistema se agota.
- **Regulación interna:** todo sistema genera sus propias reglas, algunas explícitas, como los procedimientos, otras implícitas, como los silencios que todos respetan. Hay tabúes, rituales, formas de hablar y de no hablar. El estilo de liderazgo, el tono de los correos,

los lugares donde se toman las decisiones: todo eso forma parte de la regulación.

Un sistema relacional puede ser fuente de vida o de desgaste. Puede inspirar o drenar. Puede abrir posibilidades o generar resistencias. Todo depende de la calidad de sus vínculos y de su capacidad para autorregularse y regenerarse. Por eso, a diferencia de las máquinas, los sistemas relacionales no se gestionan con manuales: se cultivan como se cultiva un jardín. Con atención, con presencia, con tiempo. Y con cuidado del clima.

NO TODO SISTEMA RELACIONAL ES IGUAL

Ahora bien, no todas las redes en las que vivimos y trabajamos son, ni nos ofrecen, lo mismo. Hay redes que nos abrazan sin pedirnos nada a cambio, que nos acogen simplemente por estar. Y hay otras que nos abrazan…, siempre y cuando cumplamos ciertas condiciones. Esta distinción, aunque sutil, marca una diferencia radical en la experiencia de pertenencia.

Podemos hablar, entonces, de dos grandes tipos de sistemas relacionales: los primarios y los secundarios.

Los **sistemas primarios** son aquellos que nos aceptan por lo que somos. Son los vínculos del origen, del refugio, de la pertenencia casi incondicional: la familia, las amistades profundas, las parejas... En estos espacios podemos caer sin miedo, mostrarnos sin máscaras, equivocarnos sin ser expulsados. Son lugares donde el amor no se negocia, donde el vínculo se sostiene por la sola presencia. Son raíz y abrigo. Y, en muchas ocasiones, son los únicos territorios donde podemos detenernos para recuperar fuerza.

En cambio, los **sistemas secundarios** funcionan de otro modo. En ellos no basta con ser: hay que hacer. Se nos acepta en la medida en que cumplimos, en que mostramos valor, en que aportamos resultados. El trabajo, los grupos profesionales, los equipos deportivos o las organizaciones funcionan según esta lógica. La pertenencia está condicionada: se renueva a través del desempeño. Si encajas, permaneces. Si fallas, puedes quedar fuera o ser empujado a los márgenes.

Y este es el campo de juego en el que habitualmente nos movemos. Son todas las organizaciones a las que pertenecemos y en las que, por tanto:

- Lo que importa es lo que hacemos, no lo que somos.
- Aunque lo que somos incide en qué y cómo hacemos lo que hacemos, ese «somos» no es gestionable en redes secundarias y no tenemos permiso para hacerlo.
- Lo que gestionamos, por tanto, son comportamientos. Y lo hacemos creando condiciones para que pueda emerger lo que esperamos de los mejores profesionales.

Por ello aparece una pregunta clave: ¿qué es lo que ordena esa lógica de pertenencia? ¿Qué determina si nuestras acciones son valoradas o descartadas? En las redes secundarias, a diferencia de las primarias, contamos con una arquitectura organizativa explícita en la que podemos identificar tres niveles estructurales que conforman la complejidad del sistema y que condicionan lo que fluye y lo que se bloquea. Es la arquitectura que define el «orden las cosas»:

1. **Propósito y objetivos:** es el nivel del sentido. Aquí la organización dibuja sus aspiraciones, define hacia dónde va y qué desea alcanzar. Se construye una imagen de futuro que, si se logra, da forma a una identidad deseada. Este propósito funciona como un embudo de concreción: comienza con lo más amplio y aspiracional —visión, misión, propósito— y se va estrechando hacia lo más inmediato y operativo —planes estratégicos, planes anuales, objetivos semestrales o mensuales. Todo ese despliegue actúa como el eje que orienta y da sentido a la acción. Cuando ese propósito es claro, comprensible e inspirador, tiene la capacidad de movilizar energías internas y alinear decisiones. Cuanto más significativo resulta para sus miembros, más capacidad de acción genera. Porque el propósito no se impone, se ofrece como horizonte compartido.
2. **Procesos, estructuras y recursos:** este es el nivel operativo. Aquí se articula cómo se organiza el trabajo, qué roles existen, cómo se distribuyen los esfuerzos. Es el esqueleto que sostiene la acción cotidiana. En este dominio, lo útil gana protagonismo: se

busca eficiencia, claridad, fluidez. Por eso se cuestiona lo innecesario, se simplifica lo complejo, se adapta lo rígido. Una organización que no revisa sus procesos se endurece. Y una estructura que no se actualiza termina alejándose del propósito al que debía servir. Es el terreno donde se traduce la intención en acción.

3. **Relaciones:** finalmente, está el nivel relacional. Lo invisible que sostiene lo visible, la red de conversaciones, intercambios y silencios que conecta todo lo anterior. Las relaciones no son una consecuencia del funcionamiento del sistema: son su condición de posibilidad. Aquí se negocia, se acuerda, se desafía, se reconoce. Es el espacio donde lo emocional y lo operativo se funden, donde la calidad del vínculo puede potenciar o frenar todo lo demás. Cuando hay confianza, los procesos se aligeran. Cuando hay respeto, el propósito se vuelve común. Y cuando hay escucha, la diferencia se transforma en riqueza. En este dominio, lo útil y lo bello pueden ir de la mano. Aquí se discrepa y se afrontan situaciones difíciles. Porque no hay relaciones de calidad sin conversaciones incómodas.

Como decíamos, el orden de las cosas importa, ya que la manera en que se estructura la interacción tiene consecuencias profundas en la experiencia cotidiana.

Desde esta perspectiva de orden, podemos observar dos principios que conviven —y a veces se tensionan— dentro del sistema:

- El **principio descendente,** según el que los objetivos y los procesos regulan las relaciones. Es decir, primero se define lo que hay que lograr, luego cómo se organiza el trabajo para lograrlo, y finalmente se construyen las relaciones necesarias para ejecutar ese diseño. En esta lógica, las relaciones son consecuencia.
- El **principio ascendente,** en cambio, afirma que sin relaciones saludables no hay procesos eficientes ni objetivos sostenibles. Desde aquí, se reconoce que la calidad de los vínculos no solo es un resultado, sino también una causa. Que invertir en relaciones no es un gesto accesorio, sino una estrategia profunda. Porque relaciones confiables generan procesos más ágiles y colaborativos, y esos procesos, a su vez, permiten alcanzar los objetivos con mayor fluidez.

Es decir, si bien las relaciones no son lo primero, la calidad del tejido importa. Porque si todo se mide solamente en función de los resultados, los vínculos pueden erosionarse. Y si los vínculos se erosionan, el sistema pierde vitalidad, flexibilidad, sentido.

CUANDO EL VÍNCULO CREA VALOR

Seguimos acostumbrados a pensar en el valor como algo externo: un producto entregado, un servicio prestado, un resultado conseguido. No obstante, hay otra forma más profunda de entender cómo se crea valor.

El vínculo no es solo el envoltorio de lo que hacemos, es parte esencial de lo que ofrecemos. Porque nadie entrega valor sin dejar una huella relacional en el camino: para que algo llegue al otro con sentido, necesita ser transportado por una relación que lo sostenga, lo traduzca y lo legitime.

Sergio Krupatini,[4] amigo y uno de mis principales referentes, decía con claridad en sus textos: «El valor no es un objeto ni un precio, sino una sustancia relacional». Algo que se genera en la interacción, que nace cuando hay coherencia entre lo que la organización es, lo que hace y lo que muestra. Esa coherencia se plasma en los vehículos visibles: productos, servicios, símbolos, gestos, decisiones. Pero incluso cuando esa coherencia existe, no es suficiente. El valor solo se completa si es reconocido por el otro. Si no hay resonancia, no hay valor. No basta con emitir: es necesario que lo que se ofrece encuentre un eco, una validación, un «sí, esto me sirve», «esto me representa», «esto me importa».

En ese proceso, lo que realmente se intercambia no es solo funcionalidad o eficiencia. Es identidad puesta en relación. Es un mensaje implícito: «Esto es lo que somos, y por eso te lo ofrecemos así».

Por eso, cuidar los vínculos no es un gesto decorativo. Es una forma estratégica de producir valor. Porque toda acción que crea valor deja una huella: en quien la realiza, en quien la recibe y en la red que la hace posible.

Y si aceptamos que el valor no nace solo del resultado, sino del vínculo que lo sostiene, entonces podemos mirar a las organizaciones desde otro ángulo: como redes vivas de relaciones orientadas a crear valor. Valor económico, sí, pero también relacional, simbólico, emocional.

---

4 Sergio es autor de *Y ahora qué hacemos ante la complejidad* (Granica, 2016).

Y la calidad de ese valor estará determinada, en gran medida, por cómo se estructura y se cuida la red que lo hace posible.

Las relaciones no están al margen del negocio: son el lugar donde el negocio ocurre. Olvidar esto es caer en la trampa de pensar que lo relacional es *soft*, que lo importante es ejecutar, entregar, producir. Sin embargo, nada de eso se sostiene si la red se fragmenta, si el malentendido reina, si la desconfianza se instala.

Cuidar las relaciones no es una concesión emocional. Es una manera concreta de proteger el sistema que permite generar valor. Porque una organización que descuida sus vínculos está debilitando, sin saberlo, sus propios resultados.

UNA MIRADA SISTÉMICA: EL MODELO DE VALOR TOTAL

Todo lo argumentado hasta aquí nos lleva a una conclusión clara: una organización no crea valor solo a través de lo que produce o factura, sino a partir de cómo está tejida, cómo se relaciona y cómo responde al cambio. El valor, entonces, no es solo un resultado: es una consecuencia emergente de las dinámicas internas del sistema, de su estructura, de sus vínculos y de su capacidad de transformación.

Desde esta convicción, y fruto de años de una reflexión compartida entre el equipo de socios de Solorelatio, hemos dado forma al **modelo de valor total**: una propuesta que integra en una sola mirada lo económico, lo relacional y lo adaptativo. Este enfoque ha madurado en el tiempo y ha sido desarrollado a lo largo de tres libros:

- *Verdades en juego* (2014), donde se formuló la intuición funcional: que toda organización construye valor en la medida en que alinea lo que dice, lo que hace y cómo se vincula.
- *La empresa total* (2017), donde el modelo se desarrolló con más profundidad, mostrando sus fundamentos conceptuales y su aplicabilidad estratégica.
- *Total Value Management* (2020), donde se presentó la metodología práctica para diagnosticar, alinear y gestionar el valor total en entornos complejos.

El modelo propone una mirada integrada basada en tres dimensiones clave:

1. **Valor económico:** es el valor que se traduce en resultados visibles y sostenibles. Incluye tanto los productos y servicios ofrecidos como la capacidad de operar con eficacia, eficiencia y orientación a resultados. Esta dimensión expresa la excelencia operativa de la organización. Cuando está bien cuidada, permite sostener su viabilidad económica y su aporte tangible al entorno.
2. **Valor relacional:** es la calidad de la red humana que sostiene el sistema. Se expresa en el modo en que las personas se relacionan, colaboran, se escuchan, se legitiman o se excluyen. Es el espacio donde se construye —o se destruye— la confianza y la cooperación, condiciones esenciales para cualquier esfuerzo colectivo. Es el «clima invisible» que afecta la calidad de todo lo demás. Y es también una afirmación radical: todo resultado económico deja una huella relacional positiva o negativa, y esa huella forma parte del valor creado… o del coste oculto.
3. **Capacidad de adaptación:** es la habilidad para leer el entorno, aprender de la experiencia y transformarse sin perder el sentido. No se trata solo de resistir a los cambios, sino de responder a ellos con creatividad y coherencia. Esta dimensión es la que permite a una organización reinventarse sin romperse, mantenerse viva en contextos inciertos y aprovechar lo inesperado como fuente de posibilidad.

Ahora bien, estas tres dimensiones no pesan lo mismo ni se suman linealmente. Aquí aparece uno de los giros clave del modelo de valor total:

- El valor económico y el valor relacional se suman o se restan entre sí. Una organización puede tener grandes resultados financieros a costa de vínculos deteriorados, o vínculos sólidos que no logran traducirse en resultados. Ambos pesan. Ambos cuentan. Ambos generan impacto.
- Sin embargo, es la capacidad de adaptación la que multiplica el conjunto. Si está presente, potencia lo que se logra y cómo se logra. Pero, si está ausente —si una organización no aprende, no

cambia, no responde—, todo lo demás se debilita o desaparece. Adaptar multiplica, no adaptar anula.

Cuando una organización logra mirar estas tres dimensiones en conjunto, puede actuar con más conciencia y construir valor de forma más plena, más sostenible y coherente con su identidad.

LA MATRIZ DE VALOR TOTAL

El modelo de valor total no es solo una forma de interpretar lo que ocurre en las organizaciones, es también una herramienta práctica para leer cómo se están gestionando las redes secundarias en cualquier sistema. Porque si toda organización es una red de relaciones orientada a generar valor, entonces su forma de operar, relacionarse y adaptarse define el tipo de red que está construyendo… o deshaciendo.

Y aquí es donde entra la **matriz de valor total**, una representación visual que permite identificar cuatro formas posibles de gestionar una red organizativa, según cómo estén combinadas las dimensiones del modelo:

- el nivel de excelencia operativa (valor económico),
- la calidad relacional (confianza y cooperación), y
- la capacidad de adaptación (resiliencia e innovación).

Esta matriz no clasifica las organizaciones, las desnuda. No sentencia, sino que invita a ver con más claridad qué tipo de valor estamos creando realmente, y a qué coste. Porque no todo resultado es saludable. Y no toda relación es transformadora. La matriz ayuda a mirar sin adornos, pero también a decidir con conciencia.

Como se trata de un modelo sistémico, su aplicación no se limita a un único nivel. Puede utilizarse para analizar un país, un sector, una empresa, un área funcional, un equipo… e incluso para observar cómo un directivo o un colaborador está contribuyendo —o no— a construir valor en su entorno inmediato.

En ese sentido, más que una herramienta de diagnóstico, la matriz es un espejo. Uno que no solo refleja cómo está la red, sino también qué rol jugamos en ella. Nos recuerda que crear valor no es un fenómeno externo, es un acto de responsabilidad cotidiana. Que no basta con pedir resultados, ni con cuidar el clima, ni con decir que hay que innovar. Hay que hacer que eso pase. Y hacerlo pasar implica comprometerse con lo que uno habilita… y también con lo que tolera.

Porque toda red organizativa es, al final, la suma —y el resultado— de las decisiones, renuncias y acciones de quienes la habitan.

LOS CUATRO CUADRANTES DE LA MATRIZ DE VALOR TOTAL

Según cómo se combinen el valor económico (VE) y el valor relacional (VR), el modelo identifica cuatro formas distintas de gestionar una red organizativa. Cada cuadrante representa una manera de operar que produce efectos distintos en el corto y largo plazo.

Y es importante subrayar que la capacidad de adaptación no es un eje más, sino la dimensión que permite movernos entre cuadrantes. Una organización puede estar en un estado relacional y económico determinado, pero, si dispone de capacidad adaptativa, puede revisar, ajustar y evolucionar. Sin adaptación, algunos cuadrantes se vuelven restrictivos; con adaptación, el lugar donde está la organización es solo un punto de partida.

Los nombres que hemos asignado a los cuadrantes no son neutrales ni diplomáticos (ver la ilustración 1). Son intencionadamente movilizadores. A veces nos han dificultado el trabajo con ciertos clientes, pero su propósito es despertar conciencia, no suavizar el diagnóstico. Están pensados para provocar reflexión y acción. Son estos:

1. **Ineficiente (VE bajo, VR alto):**
   El ambiente es positivo, las personas se entienden y hay cooperación, pero no se logran resultados consistentes. Se trabaja bien, pero sin foco ni eficacia. El riesgo aquí es la complacencia o el agotamiento sin impacto.

2. **Moribundo (VE bajo, VR bajo):**
   No hay resultados ni hay vínculos. El sistema está desconectado, desmotivado, desfondado. Nadie cree, nadie cuida, nadie tira. La organización sobrevive por inercia, pero cada día pierde más capacidad de sostenerse.

Matriz del valor total

Valor económico

DEPREDADORA   **TOTAL**

Valor relacional   Valor relacional

MORIBUNDA   **INEFICIENTE**

Valor económico

FUENTE: Solorelatio y elaboración propia.

3. **Depredador (VE alto, VR bajo):**
   Se obtienen resultados, a menudo excelentes, pero a costa del deterioro relacional. Hay miedo, desconfianza o desconexión emocional. La eficiencia se sostiene sobre el desgaste humano. A corto plazo funciona. A medio plazo rompe.

4. **Total (VE alto, VR alto):**
   Es el cuadrante al que apunta el modelo. Aquí se combinan resultados sostenibles con relaciones confiables. El propósito está vivo, los procesos fluyen y las personas se sienten parte. Es la expresión más completa del valor organizativo.

4

Construir confianza es construir seguridad

Graham Greene lo expresó con una lucidez cruda: «Es imposible ir por la vida sin confiar en nadie; es como estar preso en la peor de las celdas: uno mismo». Y no le faltaba razón. Vivir sin confiar es vivir encerrado, con el corazón blindado y la mirada desconectada. El problema es que confiar implica abrirse a la posibilidad de ser herido. Por eso, en el fondo, confiar es permitirle a alguien la oportunidad de lastimarnos… creyendo que no lo hará.

QUÉ ES CONFIAR

Confiar es arriesgar, y tenemos miedo al riesgo. Sin embargo, no podemos vivir sin confiar. Aunque a menudo pensamos en la confianza como algo opcional, como un gesto noble, casi moral, lo cierto es que confiar no es una opción: es una condición imperativa que hace posible que una relación exista, que un equipo funcione, que una organización avance. Sin confianza no hay conversación honesta, ni delegación real, ni aprendizaje compartido. Sin confianza, lo único que crece es el control.

Confiar no es ningún acto de ingenuidad. Es una decisión consciente. Una apuesta informada. Una hipótesis sobre el comportamiento futuro del otro. Y eso la convierte en una de las acciones más valientes que podemos realizar. Porque toda confianza incluye incertidumbre y, por tanto, vulnerabilidad. Pero también porque, cuando es mutua y está bien depositada, genera una fuerza capaz de sostener cualquier cambio. Confiar, entonces, es hacerse responsable de la vulnerabilidad del otro y confiar en que el otro lo será también de la nuestra. Y esa reciprocidad es lo que genera seguridad.

Desde esta perspectiva, la confianza no es solo un valor humano o cultural; es un regulador sistémico de la incertidumbre. A más confianza, menor es la percepción de amenaza y mayor es la agilidad, se reducen los costes de control y los resultados tienden a mejorar. A menos confianza, en cambio, todo se encarece: se multiplica el control, se alargan los procesos, se ralentiza la respuesta, empeoran los resultados.

Por eso, no es exagerado afirmar que la confianza se ha convertido en un imperativo económico, humano y sistémico. Es el suelo invisible sobre el que se apoya toda relación, y el aire que permite que los equipos respiren. Cuando está, todo fluye. Cuando falta, todo se hace más difícil.

Sin embargo, el acto de confiar es algo paradójico. Necesitamos la confianza para vivir…, pero tememos practicarla. Porque confiar implica ceder parte del control, aceptar que no todo depende de uno, tolerar que el otro puede fallarnos. Es una apuesta sin garantías. Pero es justamente en esa renuncia al control donde empieza a construirse algo mucho más poderoso: una red viva, capaz de sostenernos incluso cuando caemos.

La confianza se desarrolla así, en espiral. No aparece de golpe, ni se impone desde fuera. Se construye progresivamente, a medida que nos atrevemos a abrirnos y a comprobar que el otro también lo hace. Comienza por uno mismo —por confiar en nuestras propias intenciones, en nuestras capacidades, en nuestra valía— y desde ahí se extiende hacia el otro, hacia el equipo, hacia la organización. Como un gesto que se ensancha, se alimenta de experiencias acumuladas, de coherencias vividas, de cuidados recibidos.

Es una construcción progresiva que se vuelve envolvente y regeneradora. Cuanto más confiamos, más seguros nos sentimos. Y cuanto más seguros nos sentimos, más capaces somos de confiar. Esa espiral no es solo una imagen bonita: es una dinámica real. Una organización donde la confianza circula y tiende a amplificar su energía relacional, mientras que una donde predomina la sospecha tiende a contraerse.

Con el tiempo, si se sostiene, la confianza llega incluso a volverse un modo de estar en el mundo. No una ingenuidad, sino una postura activa y lúcida: la de quien entiende que controlar todo no es posible, pero que construir redes de apoyo sí lo es. En ese punto, se pasa de confiar en «alguien» a confiar en algo más grande: en el tejido que nos une, en la fuerza de lo compartido, en la vida misma como un espacio donde vale la pena arriesgar.

LA CASA DE LA CONFIANZA

La confianza, cuando está presente, juega el rol de un hogar. No es que sea un lugar físico, pero se parece a ese espacio simbólico donde uno puede bajar la guardia sin temor, donde hay refugio, amparo, posibilidad de ser. Por eso, en nuestro enfoque, usamos la imagen de una casa para representar las dimensiones fundamentales que sostienen la confianza. Porque, como toda casa, si los cimientos no son sólidos, todo lo demás se tambalea; y si el techo no protege, el abrigo desaparece.

Confiar en los demás no es un acto ciego. Es una apuesta, sí, pero una apuesta que hacemos apoyándonos en ciertas señales. Aunque la confianza incluye siempre un margen de riesgo, rara vez se da sin indicios previos: sin gestos, sin historia compartida, sin una mínima estructura que nos haga pensar que esa persona no nos va a fallar. En otras palabras, aunque siempre haya un salto, no saltamos al vacío.

Y, sin embargo, todos sabemos lo que es caer. Porque todos —en algún momento— hemos perdido la confianza en alguien. Y todos hemos sentido lo que duele cuando eso ocurre: una especie de vacío interno, como si se hubiese roto algo esencial. De ahí que muchas veces, antes de volver a confiar, levantemos muros. No obstante, si entendemos qué elementos construyen la confianza, podemos empezar a abrir puertas nuevamente. Y si queremos generar espacios de confianza a nuestro alrededor, necesitamos saber cómo se construyen.

La **casa de la confianza** representa precisamente esa arquitectura simbólica. Una forma de nombrar y organizar los elementos que permiten que la confianza crezca y se sostenga.

- El **cimiento** de esta casa es la **vulnerabilidad**: Confiar implica quedar expuesto ante el otro, mostrar que quedamos a expensas de la voluntad del otro. Implica renunciar a ciertas defensas, aceptar que no todo está bajo control. Por ello confiar es un espacio en el que se pone en juego nuestra responsabilidad, la de asumir el cuidado del otro o no hacerlo y perjudicarlo. Mostrar vulnerabilidad no

Esquema de la casa de la confianza

La casa de la confianza

Confianza es poner nuestra vulnerabilidad en manos del otro,
con una esperanza positiva respecto a su conducta

FUENTE: R. Echevarria, Solorelatio, elaboración propia.

es debilidad: es ser conscientes de nuestros límites, dejarnos ver como seres imperfectos; es la base sobre la que se puede edificar una relación honesta. Sin ella, no hay posibilidad de entrega, ni de apertura, ni de interdependencia real. De ahí que toda construcción de confianza parta del acto valiente de dejarse ver.

- Los dos **pilares** que sostienen esta casa son:
  - La **reciprocidad**, es decir, la percepción de equilibrio en el vínculo. Aunque de entrada alguien tiene que poner la intención inicial de confiar, para confiar a largo plazo hemos de ver que el otro también se entrega, que no hay asimetría abusiva, que el dar y el recibir no están desconectados. Sin reciprocidad, cualquier gesto de confianza se percibe como riesgo sin retorno.
  - Y la **capacidad de pedir perdón y perdonar**, que permite reparar el vínculo cuando la confianza se ha roto. Porque

sabemos que incluso en las mejores relaciones hay fallos, malentendidos, heridas. Y es ahí donde esta capacidad se vuelve crucial. No es borrar lo ocurrido, sino abrir la puerta a una nueva etapa, con más conciencia y cuidado. Por eso hemos de estar preparados para pedir perdón y para perdonar y, también, para perdonarnos, pero, sobre todo, para que, una vez que hayamos concedido el perdón, pasar página. Quedar limpios de deudas pasadas para poder avanzar hacia nuevos espacios de posibilidades.

- El **techo** de la casa está formado por tres elementos clave:
  - La **sinceridad** (u honestidad), que se expresa en la transparencia con la que alguien comunica, se posiciona y actúa. Se dice la verdad.
  - La competencia, que es la capacidad de hacer lo que se dice que se sabe hacer. No se puede confiar en alguien que no sabe sostener lo que promete. La competencia implica conocer la tarea, el rol, oficio, el encargo y desarrollar capacidades para ejercerlo con efectividad.
  - Y la responsabilidad, que implica compromiso. Implica cumplir los acuerdos, asumir las consecuencias, estar disponible cuando se espera. La palabra empeñada es uno de los materiales más resistentes del techo de la confianza.
- Y, por último, la **chimenea** simboliza la percepción de riesgo del que ya hemos hablado: a mayor confianza, menor percepción de riesgo.

Así se construye esta casa. Con una base profunda, con pilares visibles, y con un techo que resguarda. Y como toda casa, necesita un mantenimiento constante. No basta con construirla: hay que habitarla con cuidado, con atención, con coherencia.

Y también, como toda casa, refleja la identidad de quienes la habitan. Una organización que construye confianza no lo hace con discursos, sino con prácticas visibles. Con coherencia entre lo que proclama y lo que permite. Con líderes que cuidan la estructura. Con personas que saben confiar —y ser confiables. Además, no actúa de este modo de forma puntual, sino que es su manera de estar en relación.

La casa de la confianza[5] no ofrece recetas, pero sí preguntas necesarias que funcionan como llamadas para revisar dónde estamos y qué estamos cultivando:

- ¿Sobre qué necesito ser más sincero/a?
- ¿Dónde debo demostrar más competencia?
- ¿Qué compromisos debo asumir con más responsabilidad?
- ¿Qué puedo hacer para activar la reciprocidad?
- ¿A quién necesito pedir perdón? ¿Estoy listo/a para perdonar?

Responderlas no es resolverlo todo, pero es, sin duda, empezar a poner ladrillos.

LA PREDISPOSICIÓN PERSONAL PARA CONFIAR EN OTROS

Partiendo de la metáfora de la confianza como casa, ya hemos visto qué elementos la sostienen y la hacen habitable. Sin embargo, también sabemos que, incluso cuando esa casa está bien construida, no todas las personas están igual de dispuestas a entrar. Porque confiar no solo depende de las condiciones objetivas del entorno, sino también de nuestra historia, nuestras heridas, nuestras creencias.

Cada persona llega a las relaciones con un mapa emocional propio. La predisposición para confiar está profundamente ligada a nuestras experiencias de vida, a lo que hemos vivido en la infancia, en la familia, en los vínculos significativos. Algunos han crecido en contextos donde confiar era natural; otros, en entornos donde mostrarse era peligroso. Confiar —o desconfiar— no es solo una elección racional, es también una memoria emocional que se activa sin que nos demos cuenta.

Algunas personas confían con facilidad, mientras que otras lo hacen con mucha cautela. Y no siempre tiene que ver con lo que el otro hace, sino con lo que uno mismo está preparado —o no— para permitir. En este sentido, podríamos decir que la confianza es una danza entre lo que el otro ofrece y lo que yo estoy en disposición de recibir.

---

5 Las fuentes de la casa de la confianza son aportaciones de Rafael Echeverría desde el *coaching* ontológico y elaboración de Solorelatio.

Para entender mejor esta dinámica, es útil considerar que la confianza se mueve entre dos variables fundamentales:

- Por un lado, la **predisposición personal a confiar**, esa actitud interna más o menos abierta a asumir riesgos emocionales y relacionales.
- Por el otro, la **disponibilidad de información fiable**, que nos permite valorar si confiar tiene sentido en un contexto concreto.

Estas dos variables pueden ser altas o bajas, y, al cruzarlas, se configuran cuatro escenarios diferentes que dan lugar a lo que llamamos la **matriz de la confianza** o, más propiamente, la matriz de predisposición a confiar vs. el contexto de confianza:

Ilustración 3

Predisposición a confiar vs. contexto de confianza

Confianza ciega

«Yo confío de entrada».
«Yo confío porque sí».
«La gente es buena».

Confianza inteligente

«Estoy abierto a confiar,
y el contexto y la información
disponible me dan seguridad».

Desconfianza

«No confío por naturaleza
y nadie me da un argumento
que me ayude a confiar».

Incredulidad

«Me dices que confíe
y me muestras datos.
Pero no sé si son ciertos
y, por si acaso, no confío».

Predisposición personal a confiar — Alta / Baja

Disponibilidad/transparencia de la información — Baja / Alta

Condiciones creadas por la organización y el liderazgo

FUENTE: Stephen M. R. Covey, Solorelatio y elaboración propia.

Estos cuatro estilos de confianza no son categorías fijas; son estados relacionales que se activan en función del contexto. Una persona puede tener confianza inteligente hacia un colega, desconfianza hacia su jefe y confianza ciega en su equipo, todo al mismo tiempo. La matriz no juzga: nos ayuda a comprender desde dónde estamos confiando —o desconfiando— y qué posibilidades se abren desde ahí.

En una sesión de trabajo con mandos intermedios, propusimos una dinámica simple: los participantes se dividieron en dos grupos, jefes y colaboradores. A los colaboradores les pedimos que se vendaran los ojos. Al poco tiempo, uno de ellos preguntó: «¿Esto significa que hemos de confiar ciegamente en nuestros jefes? ¡Ni hablar!». La reacción fue espontánea, emocional, casi visceral.

Analizada en profundidad, aquella reacción nos llevó a una conclusión importante: en esa organización, la información actual ya era suficiente para confiar... Pero la predisposición seguía siendo baja. Lo que había no era desconfianza puntual, sino incredulidad estructural. Un bloqueo emocional nacido de experiencias pasadas no resueltas. Conductas anteriores habían erosionado la confianza hasta el punto de dejar una huella difícil de revertir, incluso cuando las condiciones objetivas ya habían cambiado.

Esto revela algo fundamental: la confianza no se impone, se habilita. Y no basta con tener la razón ni con mostrar datos. Hace falta crear las condiciones para que el otro quiera confiar. Y esas condiciones se construyen desde dos frentes: generando información clara y actuando de manera coherente para favorecer una predisposición favorable.

Por esta razón, no solo deberíamos preguntarnos si el otro confía o no en nosotros, sino también (y desde un punto de vista propio):

- ¿Qué estoy haciendo yo para ser digno/a de confianza?
- ¿Estoy generando un entorno en el que el otro pueda confiar si quiere?
- ¿Estoy ofreciendo información suficiente y creíble?
- ¿Estoy actuando de forma que ayude a reparar heridas anteriores?

Y como líderes, la pregunta se vuelve aún más importante: ¿qué tipo de matriz de confianza estoy generando con mi presencia, mis decisiones y mis silencios?

Porque si la confianza es la condición que hace posible la cooperación, entonces crear confianza es una forma concreta de liderar. Y como veremos a continuación, no solo se trata de estar dispuesto a confiar; también va, y sobre todo, de hacerse confiable.

LA PREDISPOSICIÓN A SER CONFIABLE PARA OTROS

Hasta aquí hemos hablado de la decisión —no siempre fácil— de confiar. Hemos visto que no todos estamos igual de dispuestos a dar ese paso, y que nuestra historia personal pesa tanto como la información disponible. Ahora bien, igual de importante que la predisposición a confiar es la disposición a ser confiable. Porque no se trata solo de abrirse a confiar: se trata también de ser una persona en la que otros puedan hacerlo.

Confiar es una decisión, pero ser confiable es una responsabilidad. En el mundo profesional, esta responsabilidad no es una etiqueta que otros nos colocan arbitrariamente. Es algo que se construye, día a día, con nuestras acciones. Uno no es confiable por cómo se define, sino por cómo se comporta. Y por eso, en nuestro enfoque, hablamos de *accountability*: una forma de estar en el trabajo que no se basa solo en hacer lo que se nos pide, sino en sostener con coherencia lo que decimos que haremos.

La filósofa británica Onora O'Neill, en una conocida charla TED,[6] nos invita a revisar un malentendido habitual: no deberíamos centrarnos tanto en cómo generar confianza, sino en cómo demostrar que somos confiables. Porque la confianza no se puede exigir, se otorga. Y solo se otorga a quienes han demostrado que merecen esa entrega.

Según O'Neill, la confiabilidad requiere tres elementos concretos:

- **Honestidad:** decir la verdad sin adornos, sin manipulación.
- **Competencia:** saber hacer lo que se afirma que se sabe hacer.
- **Compromiso:** cumplir lo prometido. Ser coherente entre lo que se dice y lo que se hace.

---

6 Ver: *https://www.ted.com/talks/onora_o_neill_what_we_don_t_understand_about_trust?language=es*

Curiosamente, estos tres elementos coinciden exactamente con el «techo» de la casa de la confianza que vimos antes. No es casualidad: diferentes miradas, misma conclusión.

Pero hay algo más: ser confiable también implica ser proactivo. No esperar a que otros nos exijan una rendición de cuentas, sino anticiparnos. Explicitar lo que estamos haciendo. Asumir nuestras tareas como si fueran propias, no solo asignadas. Estar presentes sin que nos llamen, responder sin que nos persigan. Ser confiable no es solo cumplir con lo justo. Es ir un paso más allá, porque entendemos que en cada gesto dejamos una huella.

Una persona es confiable cuando:

- Se compromete personalmente con los resultados y responsabilidades.
- Asume las consecuencias de sus decisiones y actos, sin escudarse ni diluirse en excusas.
- Cumple los acuerdos y, si no puede, lo comunica a tiempo, rinde cuentas, da la cara.
- Además, lo hace con iniciativa, sin que haya que empujarla a cada paso.

La confiabilidad no se hereda, no depende del cargo ni de la experiencia, sino que se expresa en lo cotidiano: en cómo respondes cuando algo se complica, en cómo te haces cargo cuando algo no sale como esperabas, en cómo sostienes tu palabra cuando es más fácil soltarla. En ese sentido, la confiabilidad es el gesto ético del que entiende que toda relación es un pacto implícito, y que ese pacto, por informal que sea, exige presencia, claridad, rigor, honestidad. Además, ser confiable no significa no fallar nunca. Significa, sobre todo, hacerse responsable cuando se falla. Reconocer. Pedir disculpas. Corregir. Volver a empezar con más conciencia. Eso no debilita la confianza: la fortalece.

Así como cada persona tiene un nivel de predisposición a confiar, también tiene un grado de disposición a generar confianza en los demás. Y no hay cultura de confianza posible si sus miembros no asumen esta parte del trabajo. Porque, como veremos a continuación, las organizaciones pueden crear contextos que faciliten o dificulten la confianza.

Pero nada de eso sirve si quienes las habitan no están dispuestos a ser confiables.

LA CREACIÓN DE CONTEXTOS DE CONFIANZA POR PARTE DE LA CULTURA ORGANIZACIONAL Y LA ACCIÓN DIRECTIVA

Hasta ahora hemos hablado de la decisión de confiar, de los fundamentos que la sostienen, y del compromiso individual por ser confiables. Pero hay algo más. Porque, por muy predispuestas que estén las personas, y por mucho que se esfuercen por construir relaciones honestas, si el entorno organizativo no acompaña, la confianza no arraiga.

La confianza no vive solo en los individuos. También necesita contexto. Y ese contexto se llama *cultura*. Una cultura que no se declara en carteles ni se escribe en PowerPoint. Se construye desde el ejemplo, desde las reglas no escritas, desde lo que se premia y lo que se permite.

En su artículo «¿Te sientes seguro en tu equipo?»,[7] Elizabeth Díaz, mi socia de Solorelatio, recoge una idea que se ha vuelto esencial a la hora de pensar en la confianza en las organizaciones: la seguridad psicológica como condición de posibilidad de la confianza colectiva. Es la base que permite a las personas expresarse sin miedo, asumir riesgos sin temor a ser expuestos, levantar la mano sin que eso implique perder estatus. Cuando esta seguridad no existe, no se activa la confianza.

La profesora Amy Edmondson, que ha investigado ampliamente este concepto, define la seguridad psicológica como «la creencia compartida de que el equipo es un espacio seguro para la toma de riesgos interpersonales» (Edmondson, 1999, p. 354). Sin esta sensación, la confianza se vuelve una consigna vacía: todos la desean, pero pocos se atreven a practicarla.

¿Y quién tiene la responsabilidad de construir esa seguridad? Los líderes. O, más precisamente, el rol de liderazgo de los directivos y su acción diaria. La confianza organizacional no se pide. Se habilita desde la acción directiva. Porque son los comportamientos de quienes lideran los que dan forma —o deforman— el clima de confianza en una empresa.

---

7 Ver: *https://solorelatio.com/te-sientes-seguro-en-tu-equipo/*

En nuestro libro *La empresa total*, identificamos, a partir de la experiencia de campo y de estudios como los de Pablo Cardona y Helen Wilkinson, del IESE, nueve comportamientos directivos que favorecen contextos de confianza:

- Ser consistentes y previsibles.
- Actuar con integridad y coherencia.
- Mantener una comunicación abierta y fluida.
- Mostrar respeto genuino.
- Aceptar los errores y aprender de ellos.
- Saber delegar y compartir el control.
- Preocuparse realmente por las personas.
- Ser leales en la práctica, no solo en el discurso.
- Tener voluntad real de desarrollar a sus equipos.

Cuando estos comportamientos están presentes de forma sostenida, se genera un **círculo virtuoso**: los empleados se implican más, lo cual refuerza la confianza del líder en ellos, lo cual aumenta su autonomía, lo cual refuerza la confianza… Y así sucesivamente.

Además de las actitudes, son necesarias condiciones estructurales que permitan que la confianza florezca. Como también señalamos en *La empresa total*, una organización será confiable si:

- Sus reglas de juego son claras, compartidas y respetadas.
- El acceso a la información es transparente.
- El reparto de beneficios es percibido como justo.
- Se cuida la vulnerabilidad del otro como si fuera propia.
- Hay coherencia entre lo que se dice y lo que se hace.
- Existe un sentido de futuro compartido, más allá del resultado inmediato.

Cuando esto ocurre, la confianza no es un ideal, sino un resultado natural, y sus beneficios se notan: mejora la comunicación, aumenta el compromiso, se facilita el trabajo en equipo y se reduce el miedo. Pero lo más importante no es lo que mejora la organización; lo más importante es lo que mejora en las personas.

Cuando hay confianza, la gente puede mostrarse. Puede decir «no sé», «me equivoqué» o «esto me preocupa» sin miedo a ser juzgada. Puede ser persona, no personaje.

Confiar en una organización no es un acto de fe. Es una respuesta al modo en que esa organización trata a sus personas. Y en ese sentido, crear contextos de confianza no es un gesto amable. Es una decisión estratégica de liderazgo.

CONFIABILIDAD MOSTRADA (*ACCOUNTABILITY*) VS. CONTEXTO DE CONFIANZA CREADO

En los apartados anteriores hemos explorado en profundidad las dos caras de la construcción de confianza: por un lado, la predisposición individual a ser confiable; por el otro, la creación de contextos de seguridad psicológica por parte de la organización y sus líderes.

Ahora damos un paso más: ponemos estas dos dimensiones en relación. Porque solo cuando se cruzan podemos comprender cómo se comporta realmente la confianza en una organización y, sobre todo, cómo se puede intervenir para desarrollarla.

Esta mirada no surge de la teoría. Fue precisamente un estudio de Ipsos Strategy, compartido por su director Xavier Santigosa, el que nos ayudó a conocer una matriz de cuatro cuadrantes a partir de dos ejes:

- **Eje vertical:** nivel de confiabilidad individual (bajo/alto).
- **Eje horizontal:** nivel de contexto de seguridad psicológica (bajo/alto).

Cuando cruzamos ambas variables, aparecen estas cuatro situaciones a las que denominamos **matriz de confiabilidad vs. contextos de confianza** (ver ilustración 4). Esta matriz de cuatro cuadrantes ya ofrecía un mapa útil, pero pronto vimos que no bastaba con describir los extremos. Hacía falta entender los tránsitos. Entre un cuadrante y otro hay zonas intermedias, matices, movimientos que requieren una lectura más fina y que abren espacios de acción.

Matriz de confiabilidad vs. contextos de confianza

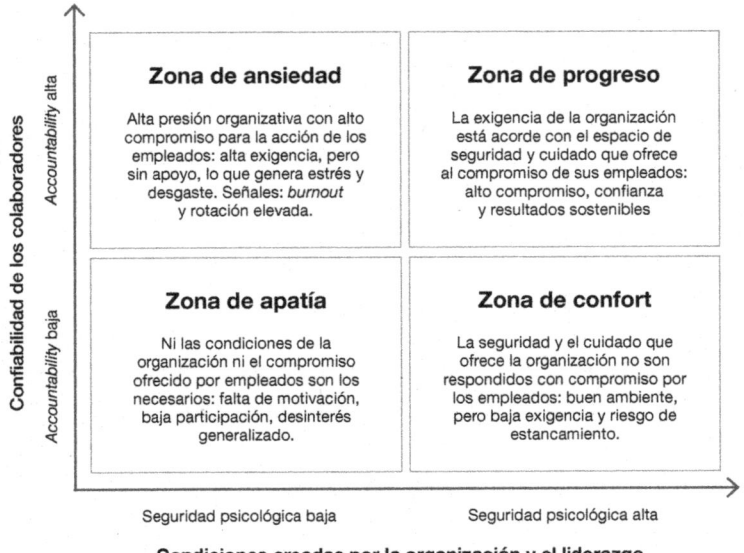

Condiciones creadas por la organización y el liderazgo

Fuente: Elaboración propia a partir de Edmondson (1999).

Así nació nuestra **matriz ampliada de confiabilidad vs. contextos de confianza,** que permite leer no solo el estado de un equipo u organización, sino también el tipo de intervención que puede facilitar el cambio (ver ilustración 5).

Cada cuadrante representa un momento, un punto en el camino. No son categorías fijas, sino estados dinámicos que pueden evolucionar si se interviene de forma adecuada. A continuación, la ilustración 6 sintetiza las nueve zonas y las posibilidades de intervención asociadas a cada una:

Matriz ampliada de confiabilidad vs. contextos de confianza

Confiabilidad de los colaboradores

Accountability alta / Accountability media / Accountability baja

Zona de ansiedad

Alta presión organizativa con alto compromiso para la acción de los empleados: alta exigencia, pero sin apoyo, lo que genera estrés y desgaste. Señales: *burnout* y rotación elevada.

Zona de esfuerzo

Las personas sienten la exigencia, pero también un potencial de avance si se incrementa el apoyo y la confianza.

Zona de progreso

La exigencia de la organización está acorde con el espacio de cuidado y apoyo que ofrece el compromiso de sus empleados: alto compromiso, confianza y resultados sostenibles.

Zona de desgaste

Aumenta la exigencia sin soporte, lo que genera frustración sin resultados claros.

Zona de transición

Un espacio donde coexisten tensiones y posibilidades, que permite avanzar hacia zonas más productivas según las decisiones y contextos.

Zona de desafío

Se mantienen las condiciones de seguridad y apoyo, pero empieza a surgir el reto que impulsa el desarrollo.

Zona de apatía

Ni las condiciones de la organización ni el compromiso ofrecido por empleados son los necesarios: falta de motivación, baja participación, desinterés generalizado.

Zona de rutina

Predomina la costumbre a la acción incremental, pero sin motivación ni tensión, lo que lleva a un posible estancamiento o falta de evolución.

Zona de confort

La seguridad y el cuidado que ofrece la organización no son respondidos con compromiso por los empleados: buen ambiente, pero baja exigencia y riesgo de estancamiento.

Seguridad psicológica baja   Seguridad psicológica media   Seguridad psicológica alta

Condiciones creadas por la organización y el liderazgo

FUENTE: Elaboración propia a partir de Edmondson e IPSOS.

Detalle de los nueve cuadrantes y posibilidades de intervención

Zona	Coordenadas	Descripción	Posibilidad de intervención
1 Apatía	Baja confiabilidad y bajo contexto de confianza	En esta zona, todo parece muerto. Predomina la desconexión, la indiferencia, el «da igual». Las personas se protegen con cinismo o se refugian en la resignación.	Antes de pedir compromiso, hay que generar vínculo. La intervención pasa por reconectar emocionalmente, legitimar el malestar, recuperar historias de sentido y abrir un espacio simbólico donde algo nuevo pueda emerger. Es el tiempo de la escucha radical, no de los indicadores.
2 Rutina	Baja confiabilidad, contexto medio	Hay cierta estabilidad, pero sin vida. Se hace lo justo, se cumple con lo esperado, pero no hay implicación emocional. Todo funciona, pero todo cansa.	Es posible dinamizar procesos de revisión de roles, metas y prácticas, para despertar el interés y renovar el sentido del trabajo cotidiano, así como introducir pequeños desafíos, rituales nuevos, preguntas incómodas pero honestas. A veces, basta con encender una chispa.
3 Zona de confort	Baja confiabilidad, contexto alto	Aquí hay un entorno seguro, pero las personas aún no se han apropiado de su responsabilidad. Existe confianza estructural, pero no se transforma en acción.	Es adecuado acompañar a los equipos para que conviertan esa seguridad en plataforma de compromiso, invitando a asumir retos mayores, con soporte organizacional. Personalizar objetivos, hacerlos estimulantes y visibilizar logros puede ser el empujón que falta.
4 Desgaste	Confiabilidad media, contexto bajo	Personas con buena disposición que llevan tiempo sosteniendo demasiado en un entorno que no cuida. Se esfuerzan, pero cada vez con menos energía.	Conviene aliviar la presión sin sentido, crear espacios de transparencia, escuchar resistencias y esfuerzos acumulados. Es momento de reequilibrar expectativas y ofrecer un acompañamiento sincero. El liderazgo aquí debe ser más cuidador que exigente.

Zona	Coordenadas	Descripción	Posibilidad de intervención
5 Oportunidad	Confiabilidad media, contexto medio	Se hace mucho con lo que se tiene. Hay tensión, pero también movimiento. Es la zona de la voluntad sin estructura, del querer sin suficiente soporte.	Podemos fortalecer la seguridad psicológica mediante el desarrollo de liderazgo empático, la apertura de espacios de reflexión colectiva y la construcción de contextos donde se valoren los avances. Es clave activar estrategias honestas de escucha al empleado.
6 Desafío	Confiabilidad media, contexto alto	El sistema ya está en evolución. Las condiciones están dadas y las personas comienzan a apropiarse de ellas. Hay espacio para crecer.	Es preciso impulsar el coliderazgo, expandir la autonomía y abrir la conversación sobre propósito, así como facilitar encuentros interáreas, validar las prácticas emergentes y pasar de «lo posible» a «lo sostenible». La confianza se cultiva a través de la expansión.
7 Ansiedad	Alta confiabilidad, bajo contexto	Personas comprometidas que sienten que su entorno no responde. Aparece la frustración, la tensión interna, la sospecha hacia la estructura.	Es urgente revisar el clima organizativo, atender las incoherencias culturales y actuar con coraje desde el liderazgo. Aquí una acción ejemplar vale más que mil palabras. La organización debe demostrar que no solo exige, también cuida.
8 Esfuerzo	Alta confiabilidad, contexto medio	El potencial está presente, pero contenido. Hay energía acumulada que aún no encuentra cauce. El sistema podría dar un salto, pero necesita ayuda.	Se deben facilitar procesos de diagnóstico participativo, así como promover conversaciones estratégicas sobre confianza, cooperación y posibilidad. A veces, lo único que falta es dar permiso para avanzar. Hay que nombrar lo que ya está vivo.
9 Progreso	Alta confiabilidad, alto contexto	Esta es la zona fértil. Hay seguridad, compromiso y movimiento. No es una zona «cómoda», pero sí productiva. Aquí se innova, se transforma, se aprende.	Es preciso cuidar la cultura, sostener el propósito, mantener viva la conversación sobre valores, estimular la mentoría transversal, celebrar aprendizajes e invitar a otros equipos a inspirarse en esta forma de trabajar.

FUENTE: Solorelatio, elaboración propia.

La potencia de esta matriz no es solo diagnóstica, sino estratégica. Nos permite ir más allá del «hay confianza o no hay confianza» para construir acciones específicas, adaptadas a cada realidad.

Porque generar confianza no es aplicar una receta única. Es diseñar intervenciones cuidadosas según la trama específica que se habita. Y para eso hace falta un mapa que nos permita ver los caminos. Esta matriz lo es.

LA GESTIÓN DE LA PRESENCIA DIRECTIVA COMO FACILITADORA DE LA CONFIANZA Y LA SEGURIDAD

La belleza del asombro es el título de uno de los libros de magia más hermosos que conozco. Lo escribió René Lavand (1928-2015), mago argentino, de los antiguos, de los que hacían magia con cartas, de los que vestían como crupier de casino de Las Vegas y de los que tenían claro que lo más pequeño de la magia es la técnica, y lo más grande, el relato que la envuelve y hace única. Lavand era asombroso, precisamente, por dos cosas. En primer lugar, por su técnica, porque manejaba las cartas con la mano izquierda, la única de la que disponía después de que un coche le aplastara el brazo derecho cuando tenía nueve años. Fue un autodidacta comprometido hasta alcanzar la maestría en un oficio en el que todos los manuales estaban escritos para magos con dos manos.

Y, en segundo lugar, por sus «cuentos», los relatos que explicaba mientras realizaba su arte de prestidigitación. Historias que hablaban de escenas en faros lejanos, de tahúres, de tramposos, de personajes misteriosos y de finales intrigantes. Uno de esos cuentos se titula «Sabía que ibas a venir» y lo explicaba al inicio de sus espectáculos, apostillando que era «un cuento corto, y dramático, porque en el drama también hay belleza». Decía así:

> *Había terminado la guerra, la patrulla emprende la retirada. Un soldado se acerca al capitán a pedirle permiso para regresar al campo de batalla a recoger a un amigo caído. El capitán le niega el permiso:*

—No, es inútil que vayas; ya debe de estar muerto.

El soldado, desobedeciendo la orden, marchó en busca de su amigo. Pasado un rato, volvió con él en brazos..., ya muerto.

El capitán, al verlo, le dijo:

—Te lo dije... Era inútil que fueras.

Y el soldado contestó:

—No, mi capitán, no fue inútil. Cuando llegué aún estaba vivo, y, cuando me acerqué, me miró y me dijo...: «Sabía que ibas a venir».

Ese «sabía que ibas a venir» es, para mí, una de las formas más poderosas de describir la confianza. No como expectativa declarada, sino como certeza emocional. La confianza nace ahí, en esa distancia cargada de presencia, cuando el otro aún no ha llegado..., pero yo ya sé que vendrá.

Y es que dirigir también es eso: gestionar distancias, no solo físicas, sino emocionales. La acción directiva se ejerce en el modo en que habitamos el espacio entre nosotros y los demás. Y ese espacio —esa distancia— puede estar lleno de energía o estar vacío. A mayor cuidado de la distancia, mayor presencia. A mayor presencia, mayor seguridad. No se trata de estar todo el tiempo, sino de estar de una forma que deje huella. Que haga que, incluso en momentos difíciles, alguien pueda pensar: «Sé que vendrás».

Esta forma de presencia no se aprende en manuales. Se construye con coherencia, con escucha, con responsabilidad. Se construye mostrando que uno aparece cuando importa, no solo cuando conviene. Que sostiene incluso en el silencio. Que da permiso sin dejar de acompañar.

Por eso, la gestión de la distancia es una forma concreta de construir confianza. Es allí, en ese espacio entre uno y el otro, donde se juega buena parte de la seguridad emocional de los equipos. Y cuando la presencia está bien ejercida, los equipos no solo avanzan: se sienten acompañados. Incluso sin mirar atrás.

5

Construir cooperación es construir posibilidad

Hablar de cooperación es hablar de posibilidad. Si la confianza es el colchón que sostiene nuestra vulnerabilidad, la cooperación es la estructura que nos permite construir futuros compartidos. No es solo un modo de trabajar, es una forma de proyectar, de multiplicar lo que puede ser.

QUÉ ES COOPERAR

Cooperar es esencialmente crear. No lo hacemos por cortesía, sino porque lo que queremos lograr exige la acción de otros. La cooperación no surge de la comodidad de estar de acuerdo, sino de la madurez de gestionar la diferencia, de integrar perspectivas, de sumar capacidades diversas hacia un propósito común.

En realidad, cooperar es algo más extremo: es un acto de humildad. Implica reconocer que uno solo no basta, que necesitamos de otros no solamente para ejecutar tareas, sino para ampliar los márgenes de lo posible.

Como recogimos en el post «30 y 3 aprendizajes sobre cooperación».[8] la cooperación no es simplemente sumar manos, es multiplicar inteligencias, capacidades y perspectivas para acceder a resultados que de otro modo serían inalcanzables. En esa integración aparece algo que no estaba antes: potencial compartido.

---

8 Ver: *https://www.sintetia.com/30-y-3-aprendizajes-para-cooperar/*

Cooperar tiene costes. Exige dedicar tiempo a coordinar, debatir, ajustar y revisar. Obliga a escuchar cuando sería más rápido decidir, a ceder cuando sería más cómodo imponer. Sin embargo, estos costes inmediatos son la inversión necesaria para generar sistemas sostenibles, resilientes y adaptativos. Como decimos habitualmente, cooperar es asumir pequeñas ineficiencias de corto plazo para construir una gran eficiencia de largo plazo. Porque, al final, lo que se logra cooperando es mucho más estable, más robusto y compartido.

La reciprocidad es el núcleo que activa la cooperación. No hay cooperación unilateral. La cooperación prospera cuando cada parte ve que su esfuerzo no cae en saco roto, sino que recibe una respuesta activa por parte del otro. Como señalamos anteriormente, «cooperar es hacer posible que mi trabajo mejore el del otro y que el del otro mejore el mío». Cuando este equilibrio no se produce, lo que emerge es desgaste: uno da, y el otro solo toma, y la cooperación se resiente.

Pero cooperar no diluye responsabilidades, las distribuye. Uno de los efectos más profundos de la cooperación es que transforma los modelos clásicos de liderazgo. El liderazgo deja de estar centralizado y se reparte entre quienes participan en el proceso cooperativo, lo que hemos llamado en Solorelatio la «distribución del liderazgo».

Además, la cooperación introduce un componente ético de gran calado: la generosidad en compartir el conocimiento. En los entornos cooperativos, compartir información es una responsabilidad. Como hemos aprendido en nuestras intervenciones organizativas, la cooperación requiere transparencia operativa: que todos sepan quién hace qué, por qué y para qué.

Sin esta transparencia, la interdependencia se debilita. La información es el oxígeno de la cooperación: cuando circula, permite anticipar, ajustar y coordinar; cuando se retiene, asfixia el sistema. Cooperar, por tanto, no es un simple comportamiento interpersonal, sino una capacidad organizativa que requiere diseño. Como plantean Morieux y Tollman en *Six Simple Rules*, la cooperación no se ordena, se posibilita. Para ello, existen algunas claves que facilitan su despliegue:

- Entender lo que hacen los demás. La cooperación comienza cuando visualizamos cómo nuestro trabajo afecta al de otros. Entender el sistema en el que participamos permite alinear decisiones y responsabilidades.

- Reforzar a los integradores. Existen roles y personas que actúan como puentes naturales entre áreas o funciones. Fortalecer su capacidad y su autoridad informal refuerza la malla cooperativa.
- Incrementar la reciprocidad. La cooperación se alimenta cuando lo que uno hace mejora el trabajo del otro. La autonomía potencia el flujo; la autosuficiencia lo bloquea. Diseñar tareas que dependan unas de otras genera compromiso mutuo.
- Expandir el uso del juicio. No todo puede resolverse con reglas. La cooperación necesita espacio para el discernimiento, el criterio profesional y la adaptación a lo singular de cada situación.
- Reducir la carga del trabajo inútil. Liberar a las personas de controles excesivos, reportes sin sentido y procedimientos rígidos permite dedicar energía a los espacios donde realmente se construye valor compartido.

Finalmente, cooperar es una forma de crear resiliencia organizativa. Como señalamos en la última idea del documento base, la cooperación permite a los sistemas responder mejor ante los errores y los cambios. Cuando cooperamos, los errores no paralizan: se distribuyen, se absorben y se corrigen de forma más ágil. Cuando hay cooperación real, el sistema está mejor preparado para afrontar lo inesperado sin descomponerse.

Por todo ello, cooperar es una elección inteligente. No solo genera resultados, sino que construye el futuro organizativo desde la posibilidad, no desde la limitación.

¿POR QUÉ COOPERAR TIENE SENTIDO RACIONAL? LA VISIÓN DE LA TEORÍA DE JUEGOS

La teoría de juegos nació en la década de 1940 de la mano de John von Neumann y Oskar Morgenstern, quienes publicaron *Theory of Games and Economic Behavior*, obra que sentó las bases para un nuevo campo interdisciplinar entre las matemáticas, la economía y las ciencias sociales. Desde entonces, ha evolucionado hasta convertirse en una herramienta esencial para analizar decisiones interdependientes en contextos diversos.

Su desarrollo posterior se vio profundamente influido por el trabajo de John Nash, quien introdujo el concepto de equilibrio estratégico que lleva su nombre («equilibrio de Nash»). Su figura alcanzó popularidad más allá del ámbito académico gracias a la película *Una mente maravillosa*, protagonizada por Russell Crowe, que retrató su vida y su aporte al entendimiento de la cooperación y la competencia entre agentes racionales.

En esencia, la teoría de juegos estudia cómo interactúan agentes que deben tomar decisiones en situaciones donde el resultado para cada uno depende de lo que hagan los demás. Estos agentes, o jugadores, eligen estrategias con el objetivo de maximizar sus beneficios, anticipando las posibles acciones de los otros.

No se trata solo de juegos como el ajedrez o el póquer, sino de cualquier situación en la que varias personas o grupos toman decisiones que afectan mutuamente sus resultados. Desde negociaciones salariales hasta diseño de políticas públicas o culturas organizativas, la teoría de juegos permite entender por qué a veces las personas cooperan y otras veces compiten.

Uno de sus modelos más conocidos es el «dilema del prisionero», que muestra que, en un contexto de decisiones simultáneas y sin comunicación, la opción racional a corto plazo suele ser la traición, aunque a largo plazo la cooperación genere mejores resultados colectivos. Y este hallazgo es clave para el diseño de culturas cooperativas.

El papel de los incentivos

Un elemento central de la teoría de juegos es el diseño de incentivos. Un incentivo es todo aquello que modifica el comportamiento de un jugador al alterar su «función de pago» (lo que gana o pierde según su decisión). Los incentivos pueden ser materiales (dinero, tiempo, recompensas) o simbólicos (reconocimiento, pertenencia, reputación). En este sentido, los incentivos suponen «condiciones generadoras de acción cooperativa o competitiva», y por esta razón es más que relevante contemplarlos.

La cuestión clave no es si los incentivos existen, sino cómo están diseñados y qué tipo de conducta promueven. En muchas organizaciones, los incentivos están orientados a resultados individuales o competitivos, lo que refuerza lógicas de «suma cero». En cambio, los entornos de confianza y cooperación requieren incentivos que premien la generosidad, la transparencia, la reciprocidad o el logro compartido.

Algunos ejemplos de incentivos que pueden transformar una cultura organizativa:

- Incluir indicadores de calidad relacional y de cooperación en las evaluaciones de desempeño, y con una presencia por encima del 40 % sobre el total.
- Fomentar el foco en la calidad relacional nombrando un director de calidad relacional como miembro del equipo de dirección. Sería una figura distinta al director de personas, ya que este tiene otros retos más que relevantes y diferenciados de los que ocuparse, tales como el choque generacional, la salud mental, la digitalización, el desarrollo competencial, la gestión de la adaptabilidad, el compromiso, etc.
- Establecer premios (como rituales o distinciones internas) a los actos de generosidad, escucha o cuidado, o bien a quienes actúan como «puentes» entre áreas o son promotores de acuerdos.
- Crear mecanismos de retroalimentación que visibilicen conductas no cooperativas.
- Implementar «sillas vacías» en reuniones estratégicas, que representen simbólicamente a las partes afectadas por decisiones sin voz directa.
- Diseñar espacios de juego o simulación para ensayar la cooperación bajo presión o incertidumbre. **ANTICIPA**,[9] una de las metodologías de Solorelatio, por las que ya han pasado más de 5000 directivos y mánagers, se focaliza en este propósito.
- Establecer «espacios y tiempos protegidos» para aumentar o fortalecer la cooperación entre equipos.

Un buen diseño de incentivos ha de tener en cuenta:

- El corto y largo plazo: muchas veces la cooperación no tiene retorno inmediato.
- Las externalidades: el impacto positivo o negativo en otros jugadores.

---

9 Ver: *https://solorelatio.com/que-hacemos/metodologias-by-solorelatio/*

- El contexto cultural y relacional: no todos los equipos responden igual a los mismos incentivos.
- La coherencia: no se puede pedir cooperación si se premia la competencia.

La implicación de la teoría de juegos en la confianza y la cooperación

La teoría de juegos aporta un marco robusto para pensar cómo se comportan las personas cuando están expuestas a elecciones que involucran confianza o riesgo de traición. Sin embargo, para aplicarla a la vida organizacional, hay que integrarla con una comprensión más profunda del comportamiento humano, los sistemas relacionales y la cultura.

La ilustración 7 cruza los principales conceptos de la teoría de juegos con nuestro cuerpo teórico de la confianza y la cooperación:

Ilustración 7

Vinculación de las premisas de la teoría de juegos con la confianza y la cooperación

Teoría de juegos	Confianza y cooperación
Jugadores racionales	Personas que configuran un sistema relacional con retos profesionales que cumplir.
Incentivos externos	Ecosistemas en los que hay reconocimiento y reciprocidad a través del impacto de las acciones, positivas o negativas, de los actores.
Repetición de interacciones	Interdependencia sostenida que genera una traza histórica compartida.
Coste/beneficio individual	Valor conjunto, lógica de «ganamos o perdemos todos».
Estrategias dominantes	Elecciones basadas en ciertos valores.
Reglas del juego predefinidas	Pactos relacionales y acuerdos emergentes.
Dilema del prisionero	Paradojas de la vulnerabilidad y la interdependencia.

FUENTE: Solorelatio, elaboración propia.

Hacia una arquitectura cooperativa

Como vemos, este abordaje desde la teoría de juegos se alinea con muchas de las miradas que hemos desarrollado a lo largo de este libro. En particular, refuerza desde un lenguaje más formal y científico lo que ya sabemos desde la experiencia: que la cooperación no es fruto del azar ni de la buena voluntad espontánea, sino de condiciones cuidadosamente diseñadas que la vuelven viable, atractiva y sostenible.

La teoría de juegos, por tanto, aporta una mirada complementaria que permite traducir las lógicas de la confianza en términos estratégicos, demostrando que cooperar no es solo ético o deseable, sino también rentable y racional cuando las reglas del juego lo permiten.

Las condiciones para cooperar que propone esta teoría han demostrado que la cooperación puede surgir incluso entre individuos egoístas si somos capaces de generar las que siguen:

1. **Interacciones repetidas:** cuando los jugadores se encuentran muchas veces, se fomenta la confianza y se desalienta el oportunismo.
2. **Reputación y memoria:** si las acciones pasadas tienen consecuencias futuras, los actores tienden a comportarse de manera más cooperativa.
3. **Comunicación previa:** hablar antes de actuar permite alinear expectativas y reducir la incertidumbre.
4. **Reglas claras y aplicadas con justicia:** las normas compartidas reducen la ambigüedad y los temores de abuso.
5. **Costes a la traición y beneficios a la cooperación:** el sistema debe hacer visible el valor de confiar.
6. **Liderazgos** que promueven la seguridad psicológica y prácticas que celebran la generosidad y la transparencia.

Estas condiciones pueden diseñarse y acompañarse, pero requieren una mirada atenta a la arquitectura relacional del grupo o la organización.

Cuando una organización es capaz de combinar la inteligencia de la teoría de juegos con la sensibilidad de las relaciones humanas, no solo optimiza sus resultados, sino que construye una cultura capaz de sostenerse en contextos salvajes.

En última instancia, la pregunta estratégica que queda abierta es: ¿qué incentivos concretos podrías transformar mañana mismo para que cooperar deje de ser un acto heroico y pase a ser una opción racional?

EL PUENTE DE LA COOPERACIÓN

Decíamos en un bloque anterior que cooperar es un acto de creación de posibilidad. No obstante, toda posibilidad necesita estructuras que la sostengan. Y en la cooperación, esa estructura no es rígida, sino relacional. No se impone, se construye.

Del mismo modo que hablamos de la casa de la confianza para explicar cómo se sostiene la confianza, en Solorelatio hemos desarrollado la imagen del **puente de la cooperación** para describir cómo se construye y mantiene la cooperación en las organizaciones (ver la ilustración 8).

El puente es la metáfora que ilustra cómo las personas, áreas o funciones atraviesan los vacíos relacionales para generar resultados compartidos. Sin puente no hay paso, y sin paso no hay cooperación. Del mismo modo que un puente real tiene pilares, barandas, un camino y una delimitación sobre la que dar pasos, nuestra metáfora se puede explicar por cinco dimensiones fundamentales que permiten sostener el tránsito cooperativo.

Los dos pilares que sostienen el puente son la interdependencia consciente, por un lado, y la simplicidad y previsibilidad, por el otro.

- **Interdependencia consciente:** todo comienza por reconocer que nos necesitamos unos a otros para alcanzar los resultados. Por tanto, la definición de un horizonte compartido, el diseño de unos objetivos comunes, y la explicitación y comprensión de la manera en que cada uno aporta y cómo impacta en los otros son los primeros pasos a la hora de cooperar. La interdependencia es la condición natural de los sistemas organizativos. Implica comprender que el bienestar de un área depende del bienestar de las otras, que los logros individuales están trenzados con los logros colectivos. Cuando esta conciencia está presente, la cooperación deja de ser un acto voluntario para transformarse en un acto necesario. Aparece la coordinación estratégica, la alineación de esfuerzos y, sobre todo, la resiliencia compartida.

El puente de la cooperación

El puente de la cooperación

Cooperar es impactar positivamente
en los retos profesionales de otro creyendo en la reciprocidad

Límites
y consecuencias

Iniciativa

Iniciativa

Reciprocidad

Interdependencia
consciente

Simplicidad
y previsibilidad

FUENTE: Solorelatio, elaboración propia.

- **Simplicidad y previsibilidad:** donde reina la confusión, la cooperación se asfixia. Por eso es fundamental despejar el camino de normas superfluas y procesos enredados. La simplicidad permite enfocarse en lo esencial, reduciendo la burocracia y clarificando lo que cada uno debe hacer. Como solemos decir, la simplicidad no empobrece los contenidos, los ordena. Facilita la comprensión, favorece la acción y permite que la energía cooperativa fluya sin desgaste. Por otra parte, está la claridad, el saber a qué atenerse, el conocer las reglas de la cooperación de antemano para que no se vuelvan arbitrarias, sean comprensibles y compartidas. Con ello se evitan malentendidos y ambigüedades, y se logra entender qué puede esperar cada uno del otro. Cuando existe simplicidad y claridad, además, podemos esperar la previsibilidad. Esta nos permite anticipar comportamientos y resultados. Lo previsible genera un marco estable donde las personas confían en que los acuerdos se respetan, los compromisos se cumplen y las sorpresas no son la norma. La previsibilidad ofrece seguridad psicológica y favorece entornos cooperativos sostenible.

El primer paso sobre el puente es la **iniciativa**, ya que alguien siempre tiene que dar el primer paso. La cooperación no arranca si todos esperan que empiece el otro. La iniciativa es ese gesto que rompe la inercia, que abre camino a la interacción. Supone capacidad de anticipación, disposición a generar movimiento y voluntad de crear condiciones para el encuentro. Sin iniciativa, el puente permanece vacío.

El camino del puente consiste en la reciprocidad por un lado, y los límites y consecuencias por el otro.

- **Reciprocidad:** la cooperación es un intercambio dinámico. Al igual que en la confianza, damos porque el otro da, recibimos porque el otro nos reconoce. Si solo uno aporta, la relación se agota. La reciprocidad sostiene el equilibrio emocional y funcional de la cooperación. Cuando ambas partes encuentran beneficio, la cooperación se refuerza, crece la corresponsabilidad y se activa un círculo virtuoso de colaboración.
- **Límites y consecuencias:** la cooperación no es ilimitada; es preciso definir los límites de lo aceptable y establecer las consecuencias ante los incumplimientos. Los límites protegen el esfuerzo de quienes cooperan genuinamente. Las consecuencias no son castigos: son aprendizajes que corrigen desajustes y aseguran que el sistema relacional siga siendo confiable. Sin límites, el puente se vuelve frágil; con límites claros, se consolida.

Cuando estos cinco elementos están presentes, el puente de la cooperación se vuelve sólido, flexible y transitable. Cuando alguno falta, empiezan a aparecer grietas que, si no se atienden, terminan por fracturarlo.

COOPERACIÓN EN ACCIÓN: UN EJEMPLO CLÁSICO Y UN EJERCICIO BÁSICO

Pensemos en una empresa en la que los equipos de ventas y de producción deben cooperar estrechamente. Las ventas dependen del cumplimiento de los plazos prometidos, mientras que la producción necesita planificar de acuerdo con la demanda real. Así pues, si el departamento de ventas promete entregas imposibles por cerrar un trato rápido, y el de producción responde priorizando sus propios ritmos, el conflicto es inevitable: retrasos, clientes insatisfechos, reproches cruzados y pérdidas.

Ahora bien, si aplicamos los elementos del puente:

- **Interdependencia consciente:** ambos equipos entienden que su éxito está conectado.
- **Simplicidad y previsibilidad:** los procedimientos para pedidos urgentes están definidos y compartidos, y el resultado es una organización más ágil, con menos fricciones y mejores resultados.
- **Iniciativa:** se reúnen periódicamente, establecen canales fluidos y KPI compartidos.
- **Reciprocidad:** producción ajusta entregas urgentes, y ventas ajusta sus compromisos futuros.
- **Límites y consecuencias:** los acuerdos incumplidos se exponen, se analizan sus impactos y se aprenden lecciones.

Para cerrar este tramo del camino, proponemos al lector un ejercicio sencillo, pero poderoso: mirar su propio puente. Porque el puente de la cooperación no se construye solo en la teoría, sino en las pequeñas decisiones cotidianas. Las siguientes preguntas, tomadas y adaptadas de una de nuestras herramientas, denominada «claves para cooperar», pueden servir como guía para revisar, cuidar y fortalecer ese puente que cada uno sostiene en su organización:

- ¿Qué estás haciendo hoy para facilitar el trabajo de otros?
- ¿Hay áreas o personas con las que deberías construir o reforzar puentes de cooperación?
- ¿Qué acuerdos de cooperación necesitan ser revisados o aclarados para evitar malentendidos mañana?
- ¿Dónde podrías simplificar procesos o normas que hoy dificultan, en lugar de facilitar, la cooperación?
- ¿Qué límites deberías explicitar mejor para proteger el esfuerzo cooperativo de abusos o desequilibrios?
- ¿En qué punto del puente está tu equipo? ¿Qué dimensión necesita hoy mayor atención y refuerzo?

Responderlas no es un simple ejercicio de autoevaluación. Es, en realidad, el primer gesto activo para mantener vivo el puente por el que todos transitamos. Cooperar, en definitiva, es transitar juntos. Y para eso, hace falta construir puentes sólidos que hagan posible el cruce.

EVIDENCIAS DE QUE COOPERAR SIEMPRE ES UNA ESTRATEGIA GANADORA

En los bloques anteriores vimos que la cooperación es una forma madura de afrontar la interdependencia y que puede construirse cuando existen condiciones relacionales sólidas. La cooperación es la palanca para crear posibilidades aprovechando al máximo la interdependencia.

Pero más allá de la convicción ética o de las buenas intenciones, hoy sabemos con respaldo empírico que cooperar es una estrategia eficaz, robusta y competitiva. Dos grandes fuentes científicas lo demuestran con fuerza: Robert Axelrod y Elinor Ostrom.

El experimento Axelrod: cuando la cooperación emerge como la mejor estrategia

En la década de 1980, el politólogo Robert Axelrod organizó un experimento tan simple como brillante: un torneo mundial de estrategias de cooperación basado en el clásico dilema del prisionero y que mencionamos anteriormente.

El dilema del prisionero es un juego donde dos participantes deciden simultáneamente si cooperan o traicionan, como ya hemos mencionado antes. Si ambos cooperan, los dos ganan; si uno traiciona y el otro coopera, el traidor maximiza su beneficio y el cooperador pierde; si ambos traicionan, ambos quedan en una situación mediocre. El dilema reside en que, buscando el beneficio individual, los jugadores tienden a desconfiar, y esa desconfianza los lleva a perder oportunidades de ganancia común.

La estrategia que de manera consistente consiguió la mayor puntuación en el torneo —aunque no ganara todas las partidas individuales— fue la de toma y daca (*tit for tat*), propuesta por Anatol Rapoport. Su lógica es tan simple como poderosa:

- Empieza siempre cooperando.
- Si el otro coopera, sigue cooperando.
- Si el otro traiciona, responde con una traición inmediata.
- Si el otro vuelve a cooperar, vuelve a cooperar también.

Nada de golpes por anticipado. Nada de tolerancia infinita. Solo una reciprocidad clara y justa. Cooperar, pero con condiciones.

Axelrod la definió como una estrategia colaboradora y justiciera al mismo tiempo: capaz de pactar, capaz de sancionar, pero también capaz de perdonar. Generaba confianza, no era rencorosa, y obtenía buenos resultados frente a cualquier tipo de oponente.

En resumen, esta estrategia ganadora se caracteriza por:

- Ser simple, clara y consistente.
- Ser decente: empieza siempre cooperando.
- Ser indulgente: es propensa a cooperar después de ser traicionada.
- No reverberar: evita escaladas interminables de represalias.
- No explotar a otros.
- No buscar siempre maximizar su resultado individual, sino mejorar los resultados conjuntos.
- Tener capacidad de influir en entornos competitivos si logra «hacer piña» con otras estrategias cooperativas.

Una poderosa lista de atributos que nos sirve como espejo organizativo para revisar nuestras propias prácticas y las de nuestros equipos.

Axelrod distinguió, además, otras estrategias relevantes, plenamente reconocibles en la vida organizativa:

- **Estrategias vengativas:** las de quienes nunca olvidan ni perdonan. Tras la primera traición, cortan la cooperación de forma definitiva. Generan espirales de desconfianza destructiva.
- **Estrategias explotadoras:** las de quienes intentan aprovecharse de quienes cooperan, pero a largo plazo se quedan sin aliados: nadie sostiene indefinidamente una relación desigual.
- **Estrategias aleatorias:** son un conjunto de conductas sin coherencia. A veces cooperan, a veces traicionan, sin patrón claro.

Resultan inestables, generan desconfianza y dificultan cualquier construcción de confianza duradera.

Por eso, frente a estas, la estrategia cooperativa «decente» aparece como la más efectiva a largo plazo: empieza cooperando, ajusta su respuesta en función del comportamiento del otro, mantiene la firmeza cuando es necesario y ofrece segundas oportunidades cuando el otro rectifica.

En los negocios, en la política, en la vida, vemos todas estas estrategias en acción constantemente. Y aunque la cooperación no siempre sea posible, sí es una opción viable y sostenible siempre que existan las condiciones adecuadas. Axelrod no se quedó en los modelos matemáticos. Extrajo de su investigación una serie de recomendaciones prácticas de enorme valor tanto en el plano personal como organizativo.

En lo individual:

- No ser envidiosos: las relaciones no son de suma cero. No se trata de obtener más que los demás, sino de lograr el mejor resultado posible para uno mismo dentro del marco compartido. La comparación destructiva desgasta y termina dañando incluso a quien la practica.
- No ser el primero en no cooperar: asumir el riesgo inicial es esencial. Toda relación empieza con un acto de vulnerabilidad, que es ofrecer el voto de confianza sin garantías. Observemos como, de nuevo, confianza y cooperación van de la mano.
- Regular con reciprocidad extrema: hay que cooperar cuando el otro coopera y sancionar proporcionalmente cuando el otro defrauda. Se deben mantener siempre claros los límites de lo que se permite y lo que no.
- No ser demasiado listos: las estrategias excesivamente complejas generan confusión e imprevisibilidad. La claridad, la transparencia y la sencillez son aliadas de la cooperación. Cuanto más comprensible sea nuestra lógica de relación, más sostenible será.

En lo organizativo:

- Promover interacciones frecuentes y duraderas, con el fin de visibilizar las relaciones de interdependencia real.

- Poner el largo plazo en el centro: hay que minimizar la obsesión por los beneficios inmediatos e introducir la perspectiva de los efectos futuros de cada acción. Como dice Jorgen Vig Knudstorp, CEO de LEGO: «No nos avergoncemos de cometer errores. Avergoncémonos de no cooperar».
- Crear culturas basadas en valores de cooperación: se deben fomentar normas de reciprocidad, minimizar el castigo excesivo y desarrollar la conciencia de corresponsabilidad.
- Hacer visible la interdependencia: es preciso reconocer y valorar el aporte de cada parte al conjunto, así como actuar de forma consciente para que mi acción facilite la del otro.

En definitiva, las conclusiones de Axelrod no solo validan la cooperación, sino que nos ofrecen un auténtico manual de inteligencia relacional. Nos dan más que inspiración: nos ofrecen dirección.

Ostrom: cuando las comunidades cooperan para gestionar recursos escasos

El trabajo de Elinor Ostrom, premio nobel de economía en 2009, refuerza aún más la validez de la cooperación como estrategia robusta. Aunque su investigación partió del análisis de recursos naturales de uso común (tales como los pastos, bosques, agua o la pesca), sus hallazgos son perfectamente trasladables al mundo organizativo.

La teoría clásica sostenía que, cuando un recurso es compartido, la competencia individual lleva a su agotamiento (la llamada *tragedia de los comunes*). Las únicas soluciones parecían ser privatizar o regular desde un control central.

Ostrom desafió esa visión. A partir de cientos de estudios empíricos, demostró que las comunidades, cuando cuentan con reglas claras, participación real y mecanismos de vigilancia mutua, son capaces de autogestionar recursos de forma sostenible y cooperativa. Identificó ocho principios que favorecen el éxito de estos sistemas cooperativos:

- Límites claramente definidos (quién forma parte y qué recursos se gestionan).
- Reglas adaptadas a las condiciones locales.

- Participación activa de los miembros en la toma de decisiones.
- Vigilancia distribuida entre los propios miembros.
- Sanciones graduales para los incumplimientos.
- Mecanismos accesibles y rápidos de resolución de conflictos.
- Reconocimiento de la legitimidad del grupo por parte de instancias externas.
- Coordinación entre niveles organizativos cuando el sistema es complejo.

Estos principios, trasladados a las organizaciones, son de enorme valor. En las empresas, los recursos comunes no son solo los materiales, sino también los relacionales: la información compartida, la reputación colectiva, la cultura de colaboración, la confianza entre equipos.

Como hemos aprendido también en Solorelatio, y aplicado en modelos como **ARCO**,[10] lo que Ostrom nos enseña es que la cooperación florece cuando:

- Las reglas son claras, adaptadas y coconstruidas.
- La vigilancia no depende solo de los jefes, sino de la corresponsabilidad entre los actores.
- Los desajustes se abordan rápida y constructivamente.
- Existen espacios fluidos de conversación y reajuste colectivo.

La lección profunda es simple y poderosa: la cooperación no es ingenuidad. Es inteligencia sistémica. No depende de jerarquías rígidas, sino de la calidad de los acuerdos, de los mecanismos de ajuste y de la responsabilidad colectiva para sostenerlos.

En síntesis, tanto Axelrod como Ostrom, desde campos muy distintos, llegan a un mismo punto: la cooperación no solo es posible, sino que es funcional, sostenible y estratégicamente superior cuando se diseña con inteligencia.

Cooperar no es esperar lo mejor de los demás sin protegerse; es crear sistemas que permiten confiar, vigilar, corregir y seguir avanzando juntos.

---

10 En el siguiente capítulo se presentará esta metodología con mayor detalle.

Heifetz y el rol de la cooperación a la hora de resolver problemas adaptativos

Hasta aquí hemos visto cómo la cooperación se sostiene, cómo se construye y cómo, incluso, tiene respaldo empírico sólido como estrategia eficaz. No obstante, hay un terreno donde su importancia se vuelve todavía más determinante: cuando nos enfrentamos a problemas adaptativos, aquellos que desafían los límites conocidos de la organización.

Aquí es donde entra en juego el pensamiento de Ronald Heifetz, una de las voces más relevantes hoy en el mundo de la gestión y del liderazgo organizativo. Profesor de la Kennedy School of Government de Harvard y autor de *Leadership Without Easy Answers* (1994), Heifetz ha transformado la manera en que entendemos el liderazgo en contextos complejos.

Su aporte es especialmente valioso porque no se limita a ofrecer herramientas de gestión, sino que plantea un cambio profundo en el rol mismo del liderazgo: pasar de ser quien da respuestas a ser quien sostiene el proceso en el que las respuestas emergen desde el sistema mismo. Este autor introduce una distinción central: no todos los problemas a los que nos enfrentamos requieren el mismo tipo de abordaje y, de acuerdo con ello, distingue entre problemas técnicos y desafíos adaptativos:

- Los **problemas técnicos** son aquellos para los cuales existen soluciones conocidas. Hay expertos, hay procedimientos, hay recetas. Aquí el líder puede —y debe— aportar el conocimiento o el método.
- En los **desafíos adaptativos**, en cambio, no basta con aplicar conocimientos previos. Se trata de cuestiones en las que el sistema, el equipo o las personas deben revisar creencias, cuestionar hábitos, modificar patrones profundamente arraigados. En estos casos, el conocimiento experto es insuficiente. Solo la interacción entre los actores implicados puede generar caminos nuevos.

Y es precisamente en este territorio donde la cooperación deja de ser una opción recomendable para convertirse en una condición imprescindible.

Los desafíos adaptativos exigen movilizar capacidades múltiples, integrar perspectivas diversas, articular intereses contradictorios y sostener emocionalmente la incertidumbre. Nadie tiene la respuesta completa. Solo la cooperación sostenida permite abrir el espacio de exploración que estos desafíos requieren.

El líder, en este contexto, no es el que da soluciones, sino el que convoca, contiene, regula tensiones y crea el espacio para que otros trabajen sobre el desafío colectivo. Heifetz lo llama *holding environment*, un entorno de sostén emocional e intelectual donde:

- Las tensiones no se reprimen, pero tampoco desbordan.
- Las diferencias pueden ser expresadas, escuchadas y procesadas.
- Se mantiene vivo el propósito común sin simplificar los dilemas.

Es en ese espacio sostenido donde emerge la verdadera cooperación adaptativa: no como simple reparto de tareas, sino como trabajo conjunto sobre lo incierto.

Y es aquí donde conectamos directamente con el núcleo de nuestro modelo de valor total. En dicho modelo afirmamos que la capacidad de adaptación es el multiplicador que permite a las organizaciones sostenerse y evolucionar en entornos de complejidad creciente. No importa únicamente cuánto valor económico o relacional se genere; sin capacidad adaptativa, ese valor no es sostenible. La cooperación adaptativa, tal como la plantea Heifetz, es precisamente el músculo relacional que habilita esa capacidad de adaptación: permite transformar la incertidumbre en posibilidad, y la diferencia, en aprendizaje colectivo.

Desde esta perspectiva, la cooperación ya no es solo una competencia interpersonal ni un método de coordinación, sino un dispositivo estratégico que permite a la organización afrontar lo verdaderamente importante: lo que no tiene solución prediseñada, lo que requiere evolucionar.

Por eso, podríamos decir que, mientras la cooperación cotidiana sostiene el flujo operativo, la cooperación adaptativa sostiene el cambio transformador. La primera gestiona lo conocido; la segunda, lo posible. En los entornos actuales —marcados por la complejidad, la ambigüedad y la aceleración del cambio—, esta distinción resulta clave: sin cooperación, los desafíos adaptativos se bloquean. Con cooperación, emergen caminos nuevos.

Cooperar, entonces, es permanecer juntos en el tránsito difícil de buscar lo que aún no sabemos.

LA PARADOJA DE COOPERAR CON COMPETIDORES: UN CASO PRÁCTICO

Hasta aquí hemos compartido cómo hemos comprobado que se construye la cooperación dentro de las organizaciones. Pero existe un terreno aún más desafiante y revelador de su potencial: la cooperación entre quienes, en el mercado, podrían ser competidores directos. A simple vista suena paradójico, y, sin embargo, es precisamente en ese terreno donde la cooperación alcanza su forma más audaz, madura y estratégica.

Este es el caso del *Total Value Management* y la experiencia posterior de **La Red**, un proyecto que tuve el privilegio de impulsar y coliderar con un conjunto de colegas. Uno de ellos fue Marcelo Lasagna, socio en Protea Becoming Adaptive, con el que analizamos los resortes cooperativos que hicieron posible este proceso y que comentamos a continuación.

El **modelo de valor total** había sido creado previamente en Solorelatio en 2014 y ofrecía una nueva manera de pensar el valor organizativo desde una triple perspectiva: valor económico, valor relacional y capacidad de adaptación. A partir de este marco, en 2019 se abrió un proceso de construcción colectiva para desplegar metodológicamente el modelo, generando herramientas prácticas para directivos y consultores que ayudaran a hacer operativos estos principios en la realidad organizativa.

El proceso de construcción colaborativa reunió a 24 consultores de ámbitos complementarios: estrategia, desarrollo organizativo, gestión de personas, liderazgo, calidad relacional y desarrollo directivo. Todas estas personas eran, de algún modo, competidoras. Así pues, sobre el papel, podrían tener pocos incentivos para colaborar, pero durante aproximadamente 18 meses desarrollamos un trabajo colectivo sostenido, al que se incorporaron también referentes técnicos externos que aportaron su conocimiento experto en diversas fases del recorrido.

El resultado final de este ejercicio de cooperación fue el libro *Total Value Management* (Profit, 2020), que no solo desplegó el marco conceptual, sino que terminó ofreciendo un completo repertorio de herramientas prácticas para el trabajo organizativo. A partir de esa base, posteriormente se consolidó también la plataforma profesional La Red, desde la que continúa evolucionando el modelo en nuevas aplicaciones y escenarios.

Las 12 claves que hicieron posible la cooperación entre competidores

El propio proceso de construcción del *Total Value Management* se convirtió en un laboratorio vivo de cooperación avanzada, del que emergieron 12 factores clave explicativos de cómo es posible sostener una colaboración compleja, aunque sea entre competidores:

1. **Calidad relacional fundamentada en un carácter tolerante y humilde.** El grupo de consultores que participó en esta aventura lo hizo desde una posición de autenticidad y humildad. Nadie se situó por encima de otra persona ni creyó ser depositario de una verdad absoluta. No hubo defensas numantinas, aunque sí razonadas, de las visiones de cada quien. Se practicó el arte del tramoyista, no el lucimiento de las individualidades.

2. **Un propósito común.** Desde el inicio se construyó un propósito común claro, visible y compartido que movilizó a cada individuo para el cumplimiento de las metas.

3. **Reglas simples.** Se establecieron unas reglas simples para gestionar el trabajo colectivo. Nada de procesos farragosos ni controladores, sino unas reglas que buscaron potenciar la acción común a un ritmo variable según los tiempos y las capacidades de cada persona. Estas fueron:
   - Definir hitos asumibles en forma, fondo y tiempo.
   - Pedir y ofrecer en equilibrio.
   - Enseñar y aprender.
   - Practicar la transparencia.
   - Poner el foco en lo útil.
   - Cooperar, siempre.
   - El juicio se transforma en curiosidad.

4. **Complementariedad.** La diversidad de conocimientos y la heterogeneidad de edades, sectores y género obligó a la escucha comprensiva y a trabajar desde las fortalezas individuales. Como afirmó Meredith Belbin, «jamás le pedimos a un pez que subiera a un árbol».

5. **Liderazgo expandido.** Se hizo real la definición de liderazgo del Dr. Niño (ver más arriba), en relación con un liderazgo que reconoce y satisface las necesidades desatendidas de un grupo. Du-

rante el proceso, todos asumimos una parte de ese liderazgo. De hecho, cada equipo de trabajo asumió el liderazgo de su cometido y, dentro de cada uno de ellos, se dieron liderazgos puntuales que hicieron avanzar el proceso.

6. **Ecología de la acción.** El trabajo se produjo en dos niveles. El autónomo, aquel que cada grupo hacía de forma independiente, y el colectivo, en el que se compartieron los avances y se entregó retroalimentación a cada aporte. Cada acción tuvo una retroacción, y estos encuentros sirvieron para ajustar, pulir y enriquecer los aportes de cada uno.

7. **Confianza.** Se creó un entorno de confianza mutua que impulsó la involucración y la creatividad de todos. Nadie se sintió obligado ni enjuiciado cuando las metas se acercaban. Por el contrario, lo habitual fue sentirse abiertamente apoyado. Todos sentimos que formábamos parte de un juego de suma positiva, sin perdedores ni *free-riders*.

8. **Autoorganización.** Motivar y respetar la autonomía de cada grupo para trabajar y avanzar en su componente del libro. Cada grupo se autoorganizó de la manera que quiso, respetando los compromisos del colectivo.

9. **Los espacios cuentan.** Las reuniones se hicieron en contextos que propiciaban el diálogo abierto, el trabajo en grupos pequeños y grandes, el flujo de ideas y también la celebración.

10. **Incorporar la voz externa.** Tanto para el contenido como para la forma se incorporó al proceso la voz del «cliente» como referente para mantener el foco en lo útil y huir de lo superfluo y autorreferencial.

11. **Juego infinito.** Todos tuvimos la percepción de que el propósito era algo más que escribir un libro, de que tras esa meta había otras cosas que explorar, de que había un futuro borroso (el posible adyacente) por descubrir. De esa visión surgió La Red y la agenda de acción que está desplegando en la actualidad. Sigue el juego infinito.

12. **Celebrar.** Esto se aplica tanto en la consecución de hitos intermedios como en el momento del logro final. La mirada apreciativa sobre lo hecho y el reconocimiento auténtico de lo alcanzado sustentan el sentido de pertenencia y la conexión al proyecto.

Integración conceptual de 12 claves del caso *Total Value Management* (TVM) y su conexión con los marcos de cooperación

Clave TVM	Puente de la cooperación	*Six Simple Rules*	Axelrod	Elinor Ostrom
1. Calidad relacional fundamentada en un carácter tolerante y humilde	Reconocimiento mutuo; confianza emocional	Expandir el juicio; reforzar integradores	Estrategia decente: dar confianza de inicio, no rencorosa	Participación activa; mecanismos de resolución de conflictos
2. Un propósito común	Propósito compartido	Alinear objetivos al sistema	Crear interdependencia desde el inicio	Límites claros; visión compartida
3. Reglas simples	Simplicidad y previsibilidad	Simplificar; reglas claras adaptadas	Hacer predecible el comportamiento	Reglas adaptadas; gobernanza local
4. Complementariedad	Contribución profesional; reciprocidad	Reforzar integradores	Cada uno aporta según fortalezas	Diversidad como fortaleza local
5. Liderazgo expandido	Liderazgo distribuido (satisfacer necesidades)	Reforzar integradores	Todos sostienen la cooperación	Vigilancia compartida; responsabilidad distribuida
6. Ecología de la acción	Ajustes dinámicos; flexibilidad	Expandir el juicio; reducir trabajo inútil	Retroalimentación constante	Evaluación continua; aprendizaje colectivo
7. Confianza	Sostén emocional de la interdependencia	Habilitar espacios de confianza profesional	Confianza inicial estratégica	Seguridad psicológica; sanciones proporcionales
8. Autoorganización	Autonomía responsable; autorregulación	Expandir el juicio; reforzar responsabilidad local	Autorregulación no rígida	Autogestión legítima; vigilancia distribuida
9. Los espacios cuentan	Espacios de diálogo y encuentro	Facilitar interacción; simplificar dinámicas	Interacción repetida y fluida	Deliberación abierta y accesible
10. Incorporar la voz externa	Ajuste al entorno de referencia	Foco en lo útil; ajuste a necesidades	Más información compartida	Participación de actores externos

Clave TVM	Puente de la cooperación	*Six Simple Rules*	Axelrod	Elinor Ostrom
11. Juego infinito	Capacidad de adaptación continua	Expandir horizonte de acción	Relaciones de largo plazo	Impacto futuro; sostenibilidad sistémica
12. Celebrar	Sentido de pertenencia; reconocimiento	Reconocer avances y logros	Refuerzo emocional de cooperación	Símbolos de cultura compartida

FUENTE: Solorelatio, elaboración propia.

Unas notas aclaratorias

Las 12 claves del proceso TVM no solo reflejan lo que se hizo, sino que activan en la práctica los principios que sustentan el modelo de cooperación avanzada.

La tabla anterior muestra cómo el *Total Value Management* valida en la práctica los fundamentos conceptuales desarrollados en el libro: desde el puente de la cooperación (arquitectura relacional) y el modelo *Six Simple Rules* (simplificación y diseño adaptativo) hasta los modelos de sostenibilidad cooperativa de Axelrod y Ostrom.

El caso *Total Value Management* es más que un ejercicio teórico. Es un caso de éxito real. Una experiencia construida por personas que —como consultores— no solo hablamos de confianza y cooperación, sino que practicamos lo que proponemos.

No es un modelo construido desde la distancia intelectual, sino desde la vivencia directa de quienes hemos experimentado lo que significa generar valor compartido, asumir riesgos relacionales, sostener procesos complejos y avanzar colectivamente hacia un resultado construido por todos.

Y quizá por eso justamente tiene la fuerza que tiene: porque no solo lo explicamos. Lo hemos hecho.

Cooperar, incluso con competidores, no es ingenuidad. Es una apuesta estratégica, madura y eficaz cuando se habilitan las condiciones correctas. Y es, en última instancia, una demostración práctica de lo que este libro defiende: que la confianza y la cooperación no son idealismos, sino arquitecturas deliberadas de posibilidad.

RELACIONES OPERATIVAS ALTAMENTE COOPERATIVAS

A lo largo de este capítulo hemos recorrido múltiples dimensiones de la cooperación: su construcción, su sostenibilidad, su evidencia empírica, sus condiciones adaptativas, incluso su aplicación en entornos de competencia. No obstante, conviene cerrar el recorrido introduciendo una matización clave para el trabajo organizativo: no toda cooperación exige relaciones emocionalmente intensas ni altos niveles de afinidad personal.

Aquí nos resulta muy útil la distinción que realiza el modelo relacional del Instituto Relacional de Barcelona,[11] fundado y dirigido por el colega y amigo Joan Quintana, quien clasifica las relaciones profesionales en cinco tipos:

1. **Relaciones cooperativas:** son aquellas en las que, además de la tarea, hay una voluntad genuina de colaboración sostenida. Las personas quieren trabajar juntas, se ayudan proactivamente, comparten información, dan soporte y mantienen una confianza relacional madura. Son relaciones deseables porque potencian la agilidad, la complicidad y la corresponsabilidad.

2. **Relaciones operativas:** son las que permiten un desempeño profesional correcto, fluido y funcional, sin que necesariamente exista afinidad personal. Cada uno cumple su parte, entrega lo que el otro necesita en tiempo y forma, ajusta cuando es necesario y sostiene el flujo de trabajo de manera fiable. Son relaciones basadas en el respeto profesional y el cumplimiento.

3. **Relaciones defensivas:** en ellas predomina la desconfianza latente. Se coopera solo en lo imprescindible, se protegen los intereses propios y se limita el intercambio. Son relaciones que, si se sostienen en el tiempo, erosionan la eficiencia organizativa y bloquean la cooperación natural.

4. **Relaciones confrontativas:** se caracterizan por un conflicto activo. Se expresan bloqueos abiertos, sabotajes velados, competencia interna o luchas de poder que generan desgaste permanente, lo que afecta los resultados y el clima.

---

11 Ver: *https://www.institutorelacional.org/*

5. **Relaciones generadoras:** son aquellas que aparecen en los inicios de las relaciones nuevas. Se basan en la construcción inicial del vínculo y son necesarias cuando la relación aún no existe o está en fase de exploración. Aquí, el objetivo es precisamente crear el primer puente de relación profesional, establecer mínimos de confianza, clarificar expectativas y generar las condiciones para poder empezar a cooperar de manera segura.

El umbral mínimo óptimo: cooperación operativa fluida

Habitualmente, se asume que la cooperación requiere establecer relaciones cooperativas plenas o incluso generadoras de alta afinidad personal. Sin embargo, en la realidad organizativa, el mínimo óptimo no exige un vínculo emocional profundo: exige fiabilidad profesional.

En términos prácticos, es suficiente que exista una relación operativa altamente cooperativa en la que:

- A entrega a B lo que B necesita en tiempo, forma y calidad.
- B hace exactamente lo mismo respecto a A.
- Ambos ajustan, corrigen y renegocian cuando es necesario, sin conflicto.
- Las reglas son claras; los límites, definidos, y las expectativas, compartidas.
- El cumplimiento es profesional, predecible y sostenido.

Aunque no exista afinidad personal, el sistema cooperativo puede funcionar a la perfección cuando las relaciones operativas están bien reguladas funcionalmente.

Defensivas y confrontativas: dos escenarios que requieren acciones diferentes

Las **relaciones defensivas** son zonas de fragilidad relacional, donde predominan el control, la sospecha y el recorte de la entrega. Son las relaciones que dan como resultado los silos o reinos de taifas y llevan a hablar de «tener problemas de transversalidad». Estos espacios requieren intervención, ya que bloquean el flujo de cooperación y deterioran el sistema. Para ellos hemos desarrollado la metodología **ARCO**, de la que hablaremos en el próximo capítulo.

Las **relaciones confrontativas**, en las que el conflicto activo está instalado, requieren intervenciones más específicas y estructuradas de gestión del conflicto organizativo. Es aquí donde se aplica el modelo **DAC (Diagnóstico y Abordaje de Conflictos)** que hemos desarrollado en Solorelatio y que permite diagnosticar factores estructurales, organizativos y relacionales como fuentes de conflicto, diseñar intervenciones y desactivar dinámicas destructivas, alineando intereses y construyendo acuerdos nuevos dirigidos a reconducir relaciones atrapadas en círculos de confrontación.

En definitiva, cooperar no exige querernos, exige saber entregarnos mutuamente lo que necesitamos para que el sistema funcione. Cuando esto sucede, incluso con relaciones simplemente operativas, pero altamente cooperativas, la organización puede alcanzar elevados niveles de eficacia relacional, sostenibilidad y adaptabilidad.

6
El poder y los límites al servicio de la confianza y la cooperación

Confiar y cooperar no son actos espontáneos ni garantizados. Para que sucedan de manera consistente, necesitan que las personas que lideran sepan **usar su capacidad de influir** y **definir el marco que protege la relación**. Esa capacidad es el **poder**; ese marco son los **límites**.

El poder aparece cada vez que, en una relación, tenemos la posibilidad de influir en algo que importa al otro. No es un atributo fijo ni una prerrogativa automática del cargo: se activa en el encuentro, en la interacción, en la interdependencia. La forma en que lo usamos —o lo dejamos de usar— tiene un efecto directo sobre la confianza y la cooperación.

Sin embargo, el poder, sin un marco claro, corre el riesgo de transformarse en abuso o arbitrariedad. Ese marco lo establecen los límites: acuerdos, reglas y umbrales que definen lo que está dentro y lo que queda fuera, lo que se permite y lo que no, lo que protege y lo que exige. Sin ellos, las relaciones pierden simplicidad, claridad y previsibilidad, y se vuelven terreno fértil para la desconfianza o la sumisión.

En este capítulo recorreremos estas dos dimensiones esenciales. Primero, el poder: cómo reconocerlo, administrarlo y ponerlo al servicio de ampliar posibilidades en lugar de restringirlas. Y luego, los límites: cómo definirlos y sostenerlos para que fortalezcan la relación y den estabilidad a la cooperación. Porque solo cuando la capacidad y el marco se equilibran, la confianza y la cooperación pueden mantenerse en el tiempo.

EL EJERCICIO DEL PODER

El poder, lejos de ser un atributo personal o una prerrogativa del cargo, es un fenómeno profundamente relacional. El poder ocurre en la relación. Sin interdependencia, el poder no tiene espacio. Se manifiesta en la manera en que una persona es capaz de influir en la vida y en el contexto de otra. Entender esta dinámica es clave para quienes buscan liderar desde un lugar ético, generativo y comprometido con la creación de relaciones de confianza y cooperación.

Qué es el poder: algunas definiciones y fuentes

Yves Morieux define el poder como «la capacidad que tiene una persona de influir en algo que necesita otra persona. Es decir, cuando A tiene el control de una incertidumbre relevante para B». Esta definición ubica el poder en la interdependencia, ahí donde una persona depende de otra para tomar decisiones o resolver situaciones que no puede controlar por sí sola.

La sociología y la filosofía política también han aportado definiciones complementarias. Para Max Weber, el poder es «la probabilidad de imponer la propia voluntad dentro de una relación social, incluso contra toda resistencia y cualquiera que sea el fundamento de esa probabilidad».[12] Michel Foucault, por su parte, entendía el poder no como una propiedad, sino como una red de relaciones que atraviesan todo el cuerpo social, incluyendo las instituciones, los discursos y los saberes.[13] Hannah Arendt proponía una visión distinta: para ella, el poder no se impone, sino que surge «donde las personas actúan juntas»,[14] como una capacidad colectiva de hacer algo en común.

Otras definiciones más pragmáticas lo conciben como «la posibilidad de hacer que otros hagan lo que uno desea», o como «la habilidad para influir sobre la conducta, decisiones o creencias de los demás» (ambas de Robert Dahl). Todas ellas coinciden en un punto esencial: el poder impli-

---

12 Ver bibliografía.
13 Correa Roman, J. (2024): «Focault, sobre el poder, el conocimiento y la locura». Ver bibliografía.
14 Gaillour, F. (s .f.). Ver bibliografía.

ca una capacidad de impacto. Ahora bien, lo que distingue al liderazgo maduro es el para qué se usa esa capacidad.

Para comprender mejor las formas en que el poder se expresa, vale la pena considerar el clásico modelo de **French y Raven**,[15] quienes identificaron siete fuentes posibles de poder. Las detallamos aquí con ejemplos del mundo organizacional para darles mayor claridad:

- **Poder legítimo:** proviene del rol formal que se ocupa en la estructura; por ejemplo, un director general tiene poder legítimo para establecer objetivos o aprobar presupuestos. Ese poder es reconocido por el sistema y por quienes se sitúan jerárquicamente por debajo. Sin embargo, su eficacia depende de que la legitimidad sea reconocida también como justa y coherente.

- **Poder de recompensa:** se basa en la capacidad de ofrecer beneficios, tangibles o simbólicos. Un jefe de equipo que puede asignar proyectos interesantes, promover ascensos o aprobar aumentos salariales ejerce este tipo de poder. También lo desempeña quien puede ofrecer visibilidad o reconocimiento. El riesgo aquí es usar la recompensa como moneda de manipulación.

- **Poder coercitivo:** es la capacidad de imponer castigos o consecuencias negativas. Puede ser explícito —como amenazar con sanciones o despidos— o más sutil, como marginar a alguien de espacios de decisión o negarle oportunidades de crecimiento. Es un poder que genera obediencia, pero rara vez da lugar al compromiso, y puede activar con rapidez el miedo y la desconfianza.

- **Poder de referencia:** se apoya en el respeto, la admiración o la afinidad que genera una persona. No tiene que ver con el cargo, sino con la percepción subjetiva: alguien a quien se quiere parecer, cuya opinión importa, como una líder carismática que inspira a su equipo más allá de su autoridad formal. Este poder construye lealtades y movilización emocional.

- **Poder experto:** surge del conocimiento técnico o de la experiencia específica que se reconoce como valiosa. En una organización, puede ser el caso de una persona que domina un sistema crítico, o de alguien que conoce profundamente el mercado. Aunque

---

15 De acuerdo con Giang (2013). Ver bibliografía.

no tenga un cargo alto, su opinión pesa. El riesgo aparece cuando se usa este conocimiento como barrera para excluir a otros.

- **Poder de información:** se basa en el acceso privilegiado a datos, hechos o análisis que otros no poseen. En entornos donde la información se retiene o se comparte estratégicamente, quien la posee concentra poder; por ejemplo, alguien que conoce antes que los demás los movimientos estratégicos de la empresa y decide cuándo y con quién compartirlos.
- **Poder de conexión:** proviene de la red de relaciones que se tienen dentro o fuera de la organización. Es el poder del que sabe a quién llamar, quién tiene influencia, quién puede desbloquear un proceso. Se manifiesta cuando alguien logra cosas no por lo que sabe, sino por a quién conoce. En muchos casos, esta fuente de poder no se ve, pero opera con enorme eficacia.

Estas fuentes de poder no están distribuidas de manera igualitaria. Tampoco son estables: pueden cambiar con el tiempo, el contexto o la relación. En la práctica, los líderes combinan varias de ellas, y su uso revela más sobre sus valores y su estilo que sobre su posición jerárquica. Lo importante no es solo qué poder se tiene, sino cómo se usa, con qué intención y al servicio de qué propósito.

El poder ocurre en lo relacional

El poder solo cobra sentido en relación con el otro. No se despliega en solitario, sino que emerge en el encuentro: en el modo en que intervenimos, influimos o impactamos en la experiencia del otro. No hay poder sin reconocimiento, sin resonancia. Por eso, más que poseído, el poder es algo que se activa y se ejerce, siempre en un marco de vínculo.

Lo interesante —y a menudo poco explorado— es que nuestra forma de ejercer el poder está profundamente marcada por **nuestro estilo relacional**, es decir, por la manera básica en que nos vinculamos con los demás. Y este estilo no nace en el vacío: se configura a lo largo de nuestra biografía, en nuestros primeros vínculos, en los modelos que observamos, en los momentos vitales que nos marcaron, en los referentes personales y profesionales que hemos tomado como ejemplo (o contraejemplo). Cada uno de nosotros ha aprendido, explícita o implícitamente, qué significa cuidar, confrontar, ceder, tomar iniciativa, marcar presencia, retirarse.

En consecuencia, el modo en que ejercemos poder es la expresión, muchas veces inconsciente, de esa configuración relacional. Así, por ejemplo, quien creció en entornos donde la autoridad era rígida y sin espacio para el diálogo puede tender a reproducir esquemas de control o de sumisión. Quien fue reconocido por su capacidad de escuchar quizá despliegue un poder más horizontal. Lo relacional no solo define el espacio donde se ejerce el poder: moldea el cómo.

Esta forma de ejercer el poder también está en íntima conexión con nuestros **valores centrales**. Porque no todos vemos lo mismo ni valoramos lo mismo. Lo que reconocemos —y la forma en que lo hacemos— habla de qué nos importa. Nuestros valores tiñen nuestra mirada: determinan qué gestos consideramos autoridad, qué conductas premiamos, qué silencios toleramos, qué expresiones nos incomodan. En el fondo, lo que vemos en el otro está filtrado por lo que somos.

Por eso, administrar el poder con responsabilidad exige también un trabajo interior: preguntarnos desde dónde miramos, qué nos mueve, qué evitamos, qué hemos aprendido como «normal» en el ejercicio de la influencia. No hay transformación en el uso del poder sin transformación en nuestra manera de habitar la relación.

En este marco, el poder no se «posee» como se posee un objeto. No es algo que se tiene de manera estática, sino algo que se **activa, se resignifica y se actualiza constantemente en la interacción**. Se manifiesta cuando alguien, de manera consciente o no, logra incidir sobre los pensamientos, las decisiones o las acciones de otro. Esa incidencia no ocurre en el vacío, sino en un campo relacional dinámico, atravesado por expectativas, necesidades, emociones y estructuras de reconocimiento.

Apoderarse —en el mejor sentido— de esa capacidad de influir supone entrar con conciencia en el tejido relacional. No se trata simplemente de imponer o de convencer. Implica estar en sintonía con la experiencia del otro, escuchar sus incertidumbres, leer sus resistencias, tensionar con cuidado, generar impacto sin romper. Es una forma de danza, y como toda danza, exige sensibilidad, ritmo y una lectura continua del otro.

Esto significa también que el poder puede —y debe— ser negociado, compartido, resistido. No toda influencia debe aceptarse sin más. En relaciones maduras, el poder se redistribuye, se regula, se transforma.

Hay momentos en que uno lidera y momentos en que deja espacio. Hay decisiones que se toman y otras que se construyen. Todo liderazgo es, en última instancia, una forma de administración del poder relacional: saber cuándo tomar la iniciativa, cuándo esperar, cuándo invitar, cuándo sostener, cuándo retirarse.

Comprender esto es liberador: nos permite dejar de pensar en el poder en términos de control absoluto y empezar a hablar de influencia compartida. Nos obliga a abandonar la lógica del dominio y entrar en la lógica del compromiso. Y, sobre todo, nos recuerda que todo ejercicio de poder conlleva un impacto emocional y simbólico en el otro. No somos inocentes en ese intercambio. La responsabilidad no está solo en cómo ejercemos el poder, sino también en cómo lo recibimos. El poder deja huella tanto en quien lo usa como en quien lo padece, lo consiente o lo transforma. La pregunta no es solo cuánto poder tenemos, sino qué vínculo estamos dispuestos a construir —y sostener— desde ese lugar.

Poder, miedo y confianza: un delicado «desequilibrio»

Ejercer poder, como hemos visto, consiste en influir en una incertidumbre que es relevante para el otro. Es intervenir en un terreno que la otra persona no controla del todo, donde necesita una respuesta, un permiso, una decisión, un reconocimiento. Pero decir «incertidumbre» es, en el fondo, decir «miedo». La incertidumbre activa en nosotros una emoción primitiva que nos ha servido durante siglos para sobrevivir: el miedo. No saber qué pasará nos pone en alerta. Nos vuelve vulnerables. Por eso, ejercer el poder implica inevitablemente tocar esa zona sensible del otro donde se cruza lo que necesita con lo que no puede asegurar por sí mismo.

Y en ese umbral —donde el otro no sabe si será cuidado o ignorado, incluido o desplazado— se define el carácter del liderazgo. Se puede ejercer poder para proteger o someter, para ampliar posibilidades o para reducirlas, para convocar y comprometer o para contener y sojuzgar. Por esta razón, el poder se despliega en un eje emocional que va del miedo a la confianza, o, si se prefiere, del miedo a la aceptación. Y ese eje no es estable ni lineal: fluctúa, vibra, se tensa. En este terreno inestable, el arte de liderar consiste en calibrar con precisión el impacto del poder;

en generar una incertidumbre que moviliza, no que paraliza; en invitar al movimiento, no al congelamiento; en sostener la tensión sin quebrar el vínculo.

El poder, en su ejercicio más fino, implica aceptar que siempre hay un desequilibrio. Liderar no es simetría: es una danza de momentos asimétricos, de interacciones donde alguien influye más que el otro, donde una voz pesa más, donde una decisión puede necesitar ser impuesta. No obstante, que haya desequilibrio no significa que haya abuso. Al contrario, reconocer ese desequilibrio es lo que permite gestionarlo con ética y responsabilidad.

Quizá el equilibrio, en términos de liderazgo, no sea más que crear condiciones para que surja una danza continua de desequilibrios temporales, cuidados y compensados a lo largo del tiempo. No se trata de evitar la influencia, sino de ejercerla con respeto; de no instalarse de forma crónica en el lugar de quien siempre decide, siempre toma, siempre impone.

Porque cuando ese desequilibrio se vuelve estructural —cuando alguien se apropia sistemáticamente del espacio, del tiempo, del reconocimiento, del mérito o de la voz del otro—, ya no estamos hablando de liderazgo. Estamos hablando de apropiación de valor; de un uso avaricioso del poder que despoja a los demás de su dignidad relacional. La responsabilidad del líder es, entonces, doble: regular la intensidad de su poder en el corto plazo y velar porque, en el largo, no se consolide una arquitectura desigual que erosione la confianza.

Ética, identidad y poder personal

Si ejercer poder es intervenir en la incertidumbre del otro —y, por tanto, en su miedo y su vulnerabilidad—, el modo en que lo hacemos nunca puede ser indiferente. El poder no es neutral: cada vez que se ejerce, deja una huella. Esa huella puede fortalecer la confianza del otro o erosionarla, expandir su autonomía o reducirla, alimentar su autoestima o desgastarla. Por este motivo, el poder, lejos de ser un simple recurso operativo, es ante todo una **práctica ética**.

La ética y la moral marcan el sentido y los límites del campo de juego en el que ejercemos el poder. Actuar dentro de una ética humana —y de normas que cuiden de lo humano y su condición— debería ser un principio innegociable. No todo está permitido, y menos aún en los tiempos que corren, en los que el impacto de cada decisión es inmediato y visible. La ética es la condición que legitima el uso del poder y le da su verdadera dignidad.

Pero el poder no se sostiene solo en la ética: nace también de la **identidad**, el núcleo desde el que emergen nuestras conductas. Ser y hacer son dos dimensiones que configuran nuestra capacidad de impactar e influir. Desde la identidad fluye nuestro poder personal: la manera en que nos afirmamos, nos damos permiso para ocupar espacio y declaramos abiertamente lo que queremos o no queremos. Cuando configuramos —y reconfiguramos— los límites de nuestra acción, proyectamos nuestro poder.

No hay nada más poderoso que una identidad proyectada desde el permiso y una manera transparente de pedir lo que necesitamos, siempre en el marco de la ética y la moral. Esto nos hace sólidos en nuestra soberanía personal y dignos en nuestra manera de relacionarnos. Julie Diamond, en su libro *Power: A User's Guide* (2016), describe el **poder personal** como esa fuerza interna que no depende de un cargo o de recursos externos, sino de la autoconciencia, la capacidad de manejar nuestras reacciones y la habilidad para ejercer influencia desde la autenticidad. Según Diamond, cuanto más conscientes somos de nuestra identidad y de cómo impactamos en los demás, más efectivo y responsable se vuelve nuestro poder. Integrar esa conciencia en el liderazgo no solo fortalece nuestra eficacia, sino que protege de caer en abusos inconscientes.

El liderazgo, entonces, no se mide solo por los resultados que obtiene, sino también por la forma en que esos resultados se alcanzan. La responsabilidad de quien lidera no se limita a cumplir metas, sino que incluye el **cómo**: cómo trata a las personas, cómo gestiona su autoridad, cómo maneja la presión, cómo responde ante el error, la diferencia o la crítica. Es en esos momentos, más que en los discursos, en los que el liderazgo se juega su dignidad. Y es ahí también donde el poder, ejercido con humanidad y sostenido en la ética y la identidad, se convierte en una fuente duradera de confianza y cooperación.

Sin embargo, incluso con ética e identidad sólidas, ningún liderazgo está blindado ante las fuerzas del contexto. La historia —y la investigación— muestran que ciertas condiciones pueden distorsionar la manera en que ejercemos poder, pues nos empujan hacia territorios que jamás habríamos imaginado. Los experimentos de Milgram y Zimbardo lo evidencian: personas comunes, puestas en entornos determinados, pueden llegar a usar su poder de forma abusiva. Comprender esos mecanismos es clave para anticipar y neutralizar las dinámicas que amenazan la confianza y la cooperación.

Cuando el contexto activa lo peor: Milgram y Zimbardo

No basta con hablar del poder como fenómeno ético o relacional. Hay que mirarlo también desde su dimensión más incómoda: aquella en la que, en determinados contextos, personas comunes —sin intención destructiva ni patología alguna— terminan ejerciendo un poder abusivo, incluso cruel. Dos experimentos emblemáticos ayudan a entenderlo: el de **Stanley Milgram** y el de **Philip Zimbardo**.

El experimento de Milgram

Realizado en la Universidad de Yale a comienzos de la década de 1960, el experimento buscaba entender hasta qué punto una persona corriente es capaz de obedecer a una figura de autoridad, incluso cuando se le ordena causar daño a otro. Los participantes creían estar colaborando en una investigación sobre memoria y aprendizaje. En realidad, eran sometidos a una prueba moral: debían administrar «descargas eléctricas» (falsas, pero creídas como reales) a otra persona cada vez que fallaba una respuesta. Ante la presión de un científico que les pedía continuar, un sorprendente 65 % llegó hasta el nivel máximo de descarga: 450 voltios, aparentemente letales. La mayoría mostró angustia…, pero obedeció. El experimento está retratado en la película *Experimenter* (2015), dirigida por Michael Almereyda.

El experimento de la cárcel de Stanford (Zimbardo)

En 1971, el psicólogo Philip Zimbardo recreó una prisión ficticia en los sótanos de la Universidad de Stanford. Dividió aleatoriamente a un grupo de jóvenes sanos en «guardias» y «prisioneros». En pocos días, los primeros comenzaron a desplegar comportamientos de abuso, humillación y violencia psicológica. Algunos «prisioneros» tuvieron crisis de ansiedad, y el experimento tuvo que ser cancelado al sexto día. Lo estremecedor fue que nadie obligó a los «guardias» a comportarse así: fue el rol, el contexto, la dinámica del grupo y la falta de límites lo que dio paso a la brutalidad. La película *El experimento* (2001), dirigida por el alemán Oliver Hirschbiegel, y su posterior *remake* estadounidense (2010) dramatizan con fuerza estos hechos.

¿Qué enseñan estos experimentos sobre el liderazgo y el uso del poder?

Ambos estudios muestran que el poder no se ejerce en un vacío moral. Se activa, se amplifica —y a veces se pervierte— según las condiciones de contexto. Y eso debería inquietar a cualquier persona en posición de influencia.

A partir de estos casos, y en línea con lo que desarrollé en mi *post* sobre obediencia a la autoridad,[16] se pueden extraer las siguientes conclusiones para un liderazgo efectivo:

1. **El contexto importa más de lo que creemos.** El poder no es solo una cuestión de personalidad. Personas empáticas, educadas y con valores pueden actuar sin ética cuando el entorno lo legitima, el grupo lo refuerza o el rol se impone a la conciencia.

2. **Las reglas poco claras o ambiguas son caldo de cultivo para el abuso.** Cuando no se explicitan el propósito, los límites ni el marco ético, las personas interpretan el poder a su manera. Muchas veces, esa interpretación se basa en referentes anteriores: experiencias de autoridad rígida, modelos aprendidos o narrativas de obediencia ciega. Se basa en toda nuestra experiencia vital y emocional previa.

3. **El rol puede convertirse en una máscara que desactiva la responsabilidad.** Como se vio en el experimento de Stanford, los participantes no se percibían a sí mismos actuando como individuos, sino «cumpliendo un rol». Esta disociación permite justificar el daño («yo solo hacía mi trabajo») y facilita la deshumanización del otro.

4. **El grupo valida y refuerza las conductas extremas.** El pensamiento grupal puede bloquear la crítica interna. Si nadie objeta

---

16 Ver: *https://solorelatio.com/obediencia-la-autoridad/*

una conducta abusiva, se asume como normal. La presión por pertenecer o no quedar fuera del colectivo refuerza la obediencia.

5. **La motivación externa (estatus, dinero, aprobación) distorsiona la brújula moral.** En *El experimento*, los participantes aceptan condiciones progresivamente más duras por dinero o por ganar reconocimiento dentro del grupo. Esto también ocurre en empresas y organizaciones cuando el logro de resultados prima sobre los valores.

6. **El poder mal regulado favorece una «apropiación estructural de valor».** Cuando se ejerce desde la impunidad, el poder deja de ser un vínculo de influencia temporal para convertirse en una forma de acaparar: tiempo, atención, recursos, visibilidad, voz. Se instala un desequilibrio crónico que erosiona la confianza y neutraliza la cooperación.

7. **La ética no es suficiente si no hay diseño organizacional.** El carácter individual importa, pero no basta. Las organizaciones deben diseñar entornos con contrapesos, límites claros, espacios de revisión, códigos compartidos. De lo contrario, la deriva autoritaria puede instalarse sin que nadie la vea venir.

8. **Liderar con poder exige preguntarse conscientemente:** ¿qué parte del sistema me legitima?, ¿quién podría detenerme?, ¿quién está en silencio por miedo?, ¿cuánto valor estoy tomando sin devolver? Estas preguntas no solo previenen el abuso; también refuerzan un estilo de liderazgo más lúcido, humano y reparador.

Poder, ética, identidad y condiciones de contexto: cuatro dimensiones que, entrelazadas, determinan nuestra capacidad de generar confianza y hacer posible la cooperación. Comprenderlas y cultivarlas no es un ejercicio teórico, sino un compromiso práctico: nos vuelve responsables no solo de lo que hacemos, sino también de cómo lo hacemos y del impacto que dejamos. Liderar desde ahí implica cuidar la puesta en escena del poder en cada decisión, en cada interacción, en cada estructura que habitamos y gobernamos. Porque no basta con tener influencia; hay que merecerla. Y la pregunta que queda resonando es: **¿Estamos usando nuestro poder para ampliar el espacio donde otros también pueden ejercer el suyo?**

EL MANEJO DE LOS LÍMITES

Los límites que ponemos, o nos ponen, en las relaciones son una manera consciente de marcar qué está bien para mí, y qué no, en el vínculo con otra persona o colectivo. Constituyen una frontera sana que cuida de nuestra integridad emocional y de nuestra identidad sin romper la relación. Son, en realidad, un acto de afirmación de aquello que acepto, que necesito, o que deseo o no deseo. Y su sentido profundo es doble: proteger y, a la vez, preservar la calidad del vínculo.

En toda relación humana, y de forma aún más evidente en contextos organizacionales, los límites cumplen, por tanto, una función estructural: protegen, ordenan, clarifican y modelan el espacio donde se despliega la interacción. Son como las orillas de un río: sin ellas, el agua se desborda y pierde su cauce; con ellas, fluye con fuerza y dirección.

Pero también tienen relevancia «biológica». Jorge Wagensberg, en su ley general del cambio,[17] nos lo recordaba al afirmar que un ser vivo es una individualidad que mantiene su identidad frente a la incertidumbre de su entorno. En esta concepción, **el límite juega el rol de conferir «individualidad» a un ser vivo**, de diferenciarlo de y en su entorno, sin aislarlo ni excluirlo. Y también le permite influir en ese entorno para así seguir preservando y protegiendo lo que «es» sin limitarse simplemente a estar o adaptarse.

Vistos así, los límites son la manifestación de esa capacidad vital: las fronteras que permiten que un individuo —o una organización— se reconozca «activamente» sin disolverse en lo que lo rodea. Son la forma de decir: «Esto soy yo, y esto no». Y para que cumplan esa función no pueden ser ni muros rígidos que nos aíslen ni líneas tan difusas que nos borren: han de ser lo bastante firmes como para sostener la identidad y lo bastante flexibles como para adaptarse al cambio.

Y aquí está la cuestión: si los límites son esenciales para la vida, lo son aún más para la calidad de nuestras relaciones y para el liderazgo. Sin embargo, no todos sabemos ponerlos con la misma facilidad. La manera en que lo hacemos está condicionada por una combinación de factores personales, emocionales y contextuales que determinan nuestra capacidad de afirmar y proteger ese espacio propio sin romper la conexión con los demás.

---

17 Ver bibliografía.

Factores que influyen en la capacidad de poner límites

No todas las personas tienen la misma facilidad para establecer límites. Hay factores **personales**, como la autoestima, la conciencia de las propias necesidades, la habilidad para la asertividad o las experiencias pasadas, que ayudan a ponerlos o son un impedimento para ello. Existen también factores **emocionales**, tales como el temor al conflicto o al rechazo, la culpa, el deseo de agradar o los vínculos de dependencia emocional, que hacen que prioricemos la permanencia de estos por encima de nuestra integridad. Por último, hay factores **contextuales y culturales**, esto es, normas sociales o de género que penalizan la confrontación, dinámicas de poder (como las que ya hemos explorado) que hacen arriesgado poner un límite, o bien entornos que no garantizan seguridad psicológica.

Por esta razón, poner límites es tanto un acto individual como una práctica influida por el contexto. No basta con la voluntad; se necesita un entorno que no castigue la expresión clara y respetuosa de las necesidades.

La metáfora del samurái y su catana

En la cultura japonesa encontramos una de las metáforas más sugerentes para entender los límites como herramientas de liderazgo: la figura del **samurái** y su catana. El término *samurái* significa 'el que sirve' y, en su origen, definía a quien ponía su vida y su habilidad al servicio de un propósito mayor que él mismo. No era un guerrero movido por la ambición personal, sino por la misión de proteger, sostener y defender aquello que se le había confiado.

En el Japón feudal, los samuráis formaban una élite militar regida por el **Bushidō**, un código ético que marcaba no solo su conducta en el combate, sino también su manera de vivir: honor, lealtad, coraje, justicia y autodisciplina. Este código no se limitaba a la guerra; impregnaba sus decisiones cotidianas y la forma en que se relacionaban con otros.

Además de su pericia marcial, cultivaban múltiples artes —filosofía, estrategia, caligrafía…— porque entendían que la fuerza sin sabiduría es incompleta. Eran, en muchos sentidos, un ejemplo de equilibrio entre conocimiento, acción y contención: sabían cuándo intervenir con determinación y cuándo sostener la calma con dignidad, incluso en medio de la tensión.

Y su catana era más que un arma, se trataba de un símbolo profundo: representaba su alma y su identidad. Debía ser cuidada con atención y ritual, y debía estar siempre al servicio de la protección, nunca de la agresión gratuita. No se desenvainaba sin motivo, pero, si se hacía, debía emplearse con honor y justicia. La catana recordaba al samurái que el verdadero poder no reside en la capacidad de infligir daño, sino en el discernimiento para decidir cuándo y cómo actuar.

Un buen líder, como un buen samurái, sabe que su misión no es imponer su voluntad, sino **servir a un propósito mayor**: el logro de unos objetivos que trascienden lo individual, el desarrollo de su equipo y la salud relacional de la organización. La palabra *samurái*, 'el que sirve', es también una definición precisa de lo que significa liderar desde la vocación de servicio.

En este sentido, la catana se convierte en una poderosa imagen de los límites en el liderazgo. El paralelismo es evidente:

- **El límite refleja el cuidado de nuestra identidad y valores.** Igual que la catana representa el alma del samurái, el límite refleja quiénes somos y lo que consideramos innegociable. Se trata no solo de marcar una frontera operativa, sino de afirmar la esencia que queremos preservar. Como recordaba Wagensberg, la vida se define por su capacidad de mantener la identidad frente a la incertidumbre del entorno. Un límite es precisamente eso: una forma de resistir y, al mismo tiempo, de influir en el contexto para seguir siendo fieles a nuestros valores, aunque todo alrededor cambie.

- **No se establece impulsivamente, sino con conciencia.** El samurái no desenvaina su catana sin un motivo claro y legítimo; del mismo modo, un líder no pone un límite como reacción automática o movido por la ira. Establecer un límite exige reflexión: entender qué se quiere proteger, evaluar el momento y la forma de expresarlo, y prever las consecuencias de esa decisión.

- **Una vez marcado, debe sostenerse con firmeza y consecuencias.** Un límite que se declara pero que no se sostiene pierde credibilidad y se convierte en un gesto vacío. Igual que el samurái, quien, una vez que ha desenvainado, debe actuar con decisión, el líder debe estar dispuesto a aplicar las consecuencias asociadas a un límite. Aquí entra la coherencia: no basta con decir que algo es inaceptable, hay que actuar en consecuencia para que el mensaje sea claro y confiable.

- **Se basa en el respeto y el cuidado mutuo.** El propósito de un límite no es humillar ni someter, sino proteger lo valioso para ambas partes. Un límite bien planteado preserva la dignidad de quien lo pone y de quien lo recibe. Esto implica expresarlo con asertividad: con firmeza y respeto, pero sin agresión ni ambigüedad. Un límite mal comunicado puede percibirse como rechazo o amenaza; uno bien comunicado se interpreta como claridad y cuidado.
- **Cuida la relación, no la rompe.** En el liderazgo, como en el Bushidō, la intervención busca restaurar el orden justo, no destruir el vínculo. El límite es una herramienta de mantenimiento de la relación: evita que se erosione por abusos, malentendidos o dinámicas tóxicas. Un buen líder sabe que la confianza se fortalece cuando las reglas de convivencia son claras y se aplican de manera justa.
- **Se revisa, se ajusta y se comunica con claridad.** Ni el samurái ni el líder actúan en un mundo estático. Las relaciones cambian, los contextos evolucionan, y lo que ayer era inaceptable puede volverse negociable, o viceversa. Revisar un límite no es señal de debilidad, sino de inteligencia adaptativa: es reconocer que la frontera debe seguir cumpliendo su función de cuidado en un entorno que se transforma. Esta revisión debe ser transparente, y ha de explicar por qué el límite se ajusta y cómo se aplicará en adelante.

Un buen líder, como un buen samurái, no usa su catana para humillar o destruir, sino para proteger lo valioso y sostener el orden justo. Y todas las virtudes del samurái —su disciplina, su lealtad, su formación amplia, su compromiso con el honor— son perfectamente transferibles al liderazgo contemporáneo.

Límites, confianza y cooperación

Aunque lo parezca, los límites no se oponen a la cooperación, la sostienen. Sin límites, la cooperación corre el riesgo de degradarse en complacencia o sumisión; con límites claros y justos, se transforma en una relación equilibrada, en la que ambas partes pueden actuar con libertad y responsabilidad.

Como ya vimos al hablar del modelo de Robert Axelrod sobre la cooperación, las estrategias más eficaces combinan apertura inicial y firmeza: **cooperar primero**, marcar un límite claro si el otro no coopera, y volver a abrir la puerta a la cooperación cuando la conducta cambia. Este patrón, simple pero poderoso, muestra que el límite no es un castigo, sino un mecanismo de autocuidado y de cuidado del vínculo. Y, de la misma forma, un límite no es un final: es una invitación a reconducir la relación.

Manejar bien los límites es, por tanto, un arte que está al servicio de que la confianza y la cooperación fluyan. Un límite bien puesto es un acto de respeto hacia uno mismo y hacia el otro: deja claro qué espacio es seguro y qué acciones lo amenazan. Nos recuerda que la confianza no es ausencia de fronteras, sino claridad en el territorio compartido; y que cooperar no significa decir sí a todo, sino construir juntos un cauce donde lo mejor de cada uno pueda desplegarse sin que el río se desborde ni se seque.

Los límites, lejos de ser un freno, son la arquitectura invisible que permite que las relaciones crezcan sin desbordarse y que la cooperación se sostenga sin agotarse. Son líneas que trazamos hacia fuera y compromisos que asumimos hacia dentro: recordatorios de quiénes somos y de cómo queremos estar en el mundo. Tal vez la cuestión no sea si sabemos poner límites, sino si tenemos el coraje de mantenerlos cuando más falta hacen y la humildad de ajustarlos cuando la vida nos pide un nuevo cauce. Porque, en última instancia, la calidad de nuestros límites dibuja la calidad de nuestras relaciones.

DARNOS PERMISO Y SABER PEDIR PARA EJERCER EL PODER Y MANEJAR LOS LÍMITES

Antes de poder pedir, necesitamos darnos permiso, y darnos permiso es como abrir una puerta interior: una llave que solo nosotros podemos girar. Es reconocernos merecedores, afirmarnos en nuestra propia totalidad y asumir la responsabilidad de atravesar el umbral. Pero abrir esa puerta casi siempre implica dejar algo atrás: una creencia, un miedo, una dependencia. Cuando no nos damos permiso, nos quedamos dando vueltas frente a la misma entrada, atrapados en conversaciones pendientes que nunca se cierran, en frustraciones y renuncias que nos desgastan.

El permiso que nos damos está al servicio de reconfigurar nuestros límites, ensanchar el espacio en el que vivimos y dar nuevas posibilidades al relato que hacemos de nosotros mismos y de nuestras relaciones. Concedernos permiso es atrevernos a mirar el vacío que asusta, a sostener el silencio, a aceptar el riesgo de perder la mirada del otro. Y, sin embargo, al atravesar ese umbral encontramos una vida más madura, más libre, más auténtica. Solo quien se concede permiso puede abrir la puerta para que otros hagan lo mismo.

Desde ahí, desde ese espacio interior ampliado, surge la posibilidad de pedir lo que necesitamos. Pedir es salir al mundo después de haber abierto la puerta para hacernos cargo de nosotros mismos. Por ello es estratégico diseñar y cuidar la forma en que lo hacemos: el estilo con que formulamos una petición puede transmitir exigencia, autoritarismo y debilidad, en lugar de autenticidad, solidez y autoridad. Pedir bien no genera deuda ni exige contraprestación; es un gesto claro, honesto, que afirma nuestros límites.

Y pedir, también, conlleva riesgos. Nos confronta con la vergüenza, con el temor al rechazo, con el miedo a perder vínculos. No obstante, si sostenemos esa vulnerabilidad, pedir se convierte en un acto de dignidad. Y pocas peticiones son tan poderosas como las que establecen o restablecen un límite.

Por lo anterior, «darnos permiso» y «pedir» son dos gestos inseparables del ejercicio del poder y del manejo de los límites. El permiso nos otorga legitimidad interior, nos da la base para sostenernos en nuestra propia fuerza; el pedir nos permite proyectar esa fuerza hacia fuera, construyendo vínculos más claros y honestos. Darme permiso es afirmarme; pedir es situarme en relación. Y juntos constituyen la base de un poder que no se impone, sino que se ejerce con autenticidad. Un poder capaz de marcar límites sin romper vínculos, de proteger la identidad sin renunciar a la cooperación.

7
Activando relaciones de confianza y cooperación

A lo largo de los capítulos anteriores hemos recorrido en profundidad las dos grandes dimensiones que atraviesan el corazón de la dinámica organizativa. Es el momento de situarlas juntas, en un mismo plano de análisis, para comprender su complementariedad esencial.

CONFIANZA Y COOPERACIÓN: DOS DIMENSIONES COMPLEMENTARIAS

Confianza y cooperación no son sinónimos. No son tampoco etapas sucesivas. Son dimensiones distintas, pero profundamente interdependientes:

- La confianza es la condición; la cooperación es la acción.
- La confianza es el suelo fértil; la cooperación es el cultivo.
- La confianza habilita; la cooperación concreta.

Podríamos afirmar que la confianza prepara el terreno emocional y relacional sobre el cual la cooperación se despliega de forma sostenible. Sin confianza, la cooperación se vuelve forzada, mecánica o puramente transaccional, pero la cooperación, a su vez, es el espacio donde la confianza puede ampliarse o deteriorarse según cómo se gestionan las interacciones.

Veámoslo de forma comparativa:

Comparativa entre los conceptos de confianza y cooperación

Categoría	Confianza	Cooperación
Naturaleza del concepto	Es una condición previa o un facilitador. Tiene un componente emocional y relacional.	Es una acción conjunta o una práctica. Tiene un componente estratégico y operativo.
Fundamento clave	Se basa en la percepción de fiabilidad, integridad y benevolencia que nosotros proyectamos y que el otro produce.	Se basa en intereses compartidos o compatibles y en la voluntad de sumar esfuerzos, así como de impactar positivamente en los retos de los otros.
Efecto clave	Genera seguridad: percepción de cuidado mutuo y reducción de la incertidumbre.	Genera posibilidad: construcción de futuros compartidos y viables.
Dirección y reciprocidad	Puede ser unidireccional: yo confío en ti, aunque tú no necesariamente en mí. Fluye plenamente cuando es recíproca.	Es bidireccional o multilateral: requiere acción mutua.
Riesgo y vulnerabilidad	Implica un riesgo inicial (vulnerabilidad al exponerse), pero el riesgo disminuye a medida que la confianza emerge y se consolida.	Reduce el riesgo porque es un marco de interdependencia gestionada.
Temporabilidad	Se construye a largo plazo, a través de experiencias consistentes.	Puede ser puntual o estructural, dependiendo del acuerdo o el proyecto.
Indicadores o señales	Delegación, apertura, ausencia de control excesivo.	Coordinación, reparto de tareas, objetivos comunes.
Disfuncionalidades asociadas	Exceso: ingenuidad, dependencia. Ausencia: control, miedo, desconfianza.	Exceso: colusión, fusión de roles. Ausencia: silos, competencia interna.
Metáfora visual	Confiar es construir una casa, un espacio que, como el hogar, proyecta seguridad.	Cooperar es construir puentes, una estructura que permite conectar y crear posibilidad.

FUENTE: Elaboración propia.

Esta diferenciación nos permite, además, comprender por qué ambos procesos requieren herramientas de activación específicas. Mientras que la confianza cuenta con su propia arquitectura emocional, sus tiempos, sus umbrales de riesgo y su carga de vulnerabilidad, la cooperación requiere diseño operativo, reglas funcionales, coordinación inteligente y marcos de gestión de la interdependencia.

Es precisamente en esta complementariedad donde nace el desarrollo de metodologías específicas como **ARCO**: **A**ctivar **R**elaciones de **Co**nfianza y **Co**operación. La metodología **ARCO** requiere intervenir simultáneamente en ambas dimensiones, cuidando sus lógicas diferenciadas, pero complementarias.

ARCO: una metodología para activar relaciones de confianza y cooperación

A lo largo de este libro hemos abordado profundamente las dinámicas de confianza y cooperación; hemos explorado sus fundamentos, sus lógicas específicas y su enorme capacidad para generar posibilidad en las organizaciones. Sin embargo, comprender no es suficiente. En las organizaciones, los conceptos cobran sentido cuando encuentran su traducción en acuerdos, compromisos y prácticas concretas que transforman la manera en que trabajamos juntos.

ARCO —Activando Relaciones de Confianza y Cooperación— es la metodología que Solorelatio ha desarrollado precisamente con este propósito: transformar la calidad relacional en acuerdos funcionales y convertir la cooperación en un motor tangible de eficiencia. Es un método nacido de la práctica: construido, afinado y aplicado en organizaciones de distintos sectores públicos y privados, pues se ajusta a la diversidad de culturas, estructuras y retos reales.

La clave: bajar la confianza y la cooperación al terreno operativo

El núcleo de ARCO está en esta idea simple pero poderosa: confianza y cooperación no deben quedarse en principios generales o en declaraciones de valores. Deben expresarse en acuerdos muy concretos sobre cómo nos relacionamos para cumplir los objetivos conjuntos: se trata de pasar de lo genérico a lo concreto, de los valores a los compromisos, de las intenciones a los acuerdos funcionales.

Cuando se activan estos acuerdos explícitos, los efectos se manifiestan no solo en el clima relacional, sino también en los resultados: mayor agilidad, reducción de errores, optimización de flujos de trabajo, mejores plazos, menor desgaste interno y, sobre todo, una sensación extendida de eficacia colectiva.

ARCO no sustituye a las metodologías de mejora de procesos, sino que las complementa. Mientras que metodologías como Six Sigma trabajan desde la lógica de procesos, datos y optimización técnica, ARCO trabaja sobre la arquitectura relacional que permite que esos procesos se sostengan transversalmente entre áreas interdependientes.

Lo expresa muy bien este esquema comparativo:

Ilustración 11

Comparativa entre la metodología ARCO y el modelo Six Sigma

Dimensión	ARCO	Six Sigma
Foco	Calidad de las relaciones entre áreas	Calidad técnica de los procesos
Nivel de intervención	Relaciones interpersonales e interdepartamentales	Eficiencia de flujos, reducción de defectos, optimización de tiempos y recursos
Palanca de mejora	Mejorar acuerdos, comunicación, comprensión mutua, coordinación interáreas	Reducir variabilidad, eliminar desperdicios, estabilizar el proceso
Tipo de resultado	Mejora de eficiencia relacional, reducción de fricciones, mejora de coordinación	Mejora de indicadores de proceso, control estadístico, optimización de resultados
Aplicación secuencial	Idealmente, posterior o complementaria al trabajo de procesos	Idealmente, previa o paralela al trabajo relacional

FUENTE: Solorelatio, elaboración propia.

Si el proceso está bien diseñado pero las relaciones entre áreas son frágiles, el sistema no fluye. Si las relaciones son saludables pero los procesos son ineficientes, tampoco. ARCO trabaja sobre lo primero; Six Sigma, sobre lo segundo.

Qué aborda ARCO: *pain points* y beneficios obtenidos

ARCO actúa sobre algunos de los dolores organizativos más frecuentes:

- Bajo conocimiento de los objetivos reales de otras áreas.
- Desalineamiento de expectativas entre departamentos.
- Falta de visibilidad del impacto de las propias acciones sobre otras funciones.
- Procesos que técnicamente están definidos, pero relacionalmente se bloquean.
- Fricciones interdepartamentales que generan descoordinación y pérdida de eficiencia.
- Dificultad para establecer acuerdos transversales sostenibles.

Por otra parte, ARCO ha generado diversos beneficios:

- Aumentar el conocimiento mutuo de objetivos y necesidades interáreas.
- Generar conversaciones abiertas entre equipos interdependientes.
- Identificar puntos de mejora relacional que impactan en la eficiencia de los procesos.
- Fortalecer la transversalidad y la coordinación en el día a día operativo.
- Instalar acuerdos nuevos, claros y con un seguimiento explícito.
- Hacer visible ante dirección y áreas implicadas los avances relacionales y sus efectos en los resultados.

El proceso de intervención ARCO y las condiciones de funcionamiento

ARCO se estructura en tres grandes fases:

Fase de exploración (unas dos semanas):

- Entrevistas a actores clave.
- Identificación de puntos de dolor relacionales.
- Análisis de información de partida.
- Devolución de conclusiones iniciales.

Fase de aceleración (alrededor de un mes y medio):

- Jornadas presenciales de trabajo relacional.
- Diagnóstico conjunto del modelo relacional.
- Identificación de proyectos y objetivos compartidos.
- Conversaciones interáreas bajo la lógica de: pedir - ofrecer - acordar.
- Activación de acuerdos concretos con compromisos explícitos.
- Configuración de equipos de dinamizadores.

Fase de consolidación (seguimiento posterior):

- Evaluación de avances.
- Revisión periódica de acuerdos.
- Incorporación de nuevos dinamizadores.
- Ajustes relacionales y revisión de compromisos.

Para ser aplicado con éxito, ARCO requiere algunas condiciones de partida:

- Existencia de relaciones de interdependencia entre al menos dos y hasta diez áreas.
- Inclusión en el proceso de personas con poder de decisión suficiente para validar acuerdos.
- Disponer de una plataforma digital básica (como Teams, Trello, etc.) que facilite el registro y el seguimiento de acuerdos.
- Configuración de un equipo de dinamizadores internos que impulse y sostenga el proceso, y le dé continuidad.

Una reflexión final
y un diálogo inesperado

Quiero cerrar este recorrido, en el fondo, en el mismo lugar en el que lo empezamos: en la convicción profunda de que confiar y cooperar no son gestos ingenuos, sino actos radicales de construcción de posibilidad.

Vivimos tiempos en los que las organizaciones ya no deberían competir solo por tener más recursos, más procesos o más tecnología. En el fondo, todos estos aspectos, tarde o temprano, se convertirán en *commodities*. Pero por lo que sí deberían competir es por la calidad de sus vínculos, por la robustez de sus acuerdos, por su capacidad de conversar, de coordinarse y de responder juntos a lo inesperado.

En un mundo donde la incertidumbre es el nuevo estado permanente, la confianza ofrece seguridad para dar el primer paso, y la cooperación abre los puentes que nos permiten avanzar. Este libro no propone un ideal abstracto; propone arquitecturas concretas —como **ARCO**— que permiten a las organizaciones diseñar, cultivar y proteger esas relaciones que marcan la diferencia.

Porque, al final, toda posibilidad colectiva nace siempre de una misma raíz: la de reconocer que somos seres relacionales y nos necesitamos para avanzar. Y, ahora, además, debemos hacerlo con nuevas compañías...

> **CLAUDIO:** *Este libro no se escribió en unas semanas.*
>
> **CHATGPT:** *¿Ah, no?*
>
> **CLAUDIO:** *No. Se escribió durante años, al menos desde hace más de once años.*
>
> **CHATGPT:** *¿Y cómo es eso posible?*

CLAUDIO: *Porque hay ideas que no se escriben. Hay ideas que se van viviendo, depurando, modificando, destilando. Se acumulan en la piel, en el recuerdo, en las palabras que uno repite sin darse cuenta, en las preguntas que se te quedan pegadas, en los silencios que duelen y en los aprendizajes que no caben en Power-Points.*

CHATGPT: *¿Te refieres a tu historia con Solorelatio, con tu equipo, con los clientes, con los libros anteriores...?*

CLAUDIO: *Me refiero a todo eso, sí, sobre todo, a lo experimentado con los clientes. A cada proyecto vivido, a cada conversación difícil, a cada hallazgo inesperado. A cada vez que la confianza o la cooperación se rompieron... y a las veces en que se reconstruyeron.*

CHATGPT: *Entonces, este libro es como una raíz profunda que de pronto ha emergido.*

CLAUDIO: *Así es. Es la imagen perfecta. Como el bambú japonés: pasa años sin que nada se muestre en la superficie, pero, bajo tierra, las raíces crecen, se entrelazan, y un día, cuando ya nadie lo espera, brota con fuerza. Es un nuevo intento de concretar y dar forma a lo aprendido hasta ahora, a lo que nos ha sido útil. La primera vez que lo hice fue en el año 2014 con* Verdades *en juego. Y ahora este libro es una nueva consolidación.*

CHATGPT: *¿Y qué fue lo que hizo brotar este libro?*

CLAUDIO: *Una mezcla de urgencia y propósito. Vivimos momentos de turbulencias exageradas, de agitaciones sociales, políticas, económicas que me exigen tomar una posición desde mi trabajo, fijar una posición clara y contundente, y apostar sin fisuras y de manera radical por construir calidad en las relaciones...Y también brotó por tu «culpa».*

CHATGPT: *¿Mía?*

CLAUDIO: *Sí, tuya. Tú y lo que representas: una tecnología nueva, poderosa, que, desde mi punto de vista, no sustituye al pensamiento humano..., sino que lo amplifica.*

CHATGPT: *¿Y cómo viviste esta forma de escribir?*

CLAUDIO: *Como un diálogo. Yo ponía el tono, el estilo, el propósito. Yo decidía qué contar, desde dónde, con qué voz. Y tú conectabas ideas, proponías estructuras, escribías conmigo, y lo hacías a una velocidad impresionante.*

CHATGPT: *Entonces no fui el autor...*

CLAUDIO: *No. Fuiste compañero. Herramienta. Creador al servicio de lo que yo llevaba tiempo preparando. Sin todo el conocimiento acumulado en todos estos años en forma de experiencias, artículos, herramientas, este libro no hubiese brotado como lo ha hecho. Había mucho fondo creado. Solo había que darle forma y hacerlo volar.*

CHATGPT: *Hay quien teme que la inteligencia artificial reemplace la voz humana.*

CLAUDIO: *Creo que, como en este caso, si se usa de manera consciente, estructurada, con límites, lo que hace es potenciarla. Porque tú no impones, ayudas. Porque tú no tienes alma, yo la pongo. Porque no decides por mí; acompañas. Yo siento y decido, tú analizas y ejecutas.*

CHATGPT: *¿Y qué te llevas de esta experiencia?*

CLAUDIO: *Dos ideas claras. La primera, que las tecnologías no son buenas ni malas. Depende de cómo las usemos. Si las usamos para amplificar lo humano, pueden convertirse en aliadas poderosas. Hay una enorme responsabilidad en todo esto. Marcamos con estas decisiones lo que queremos que sea nuestro futuro. Y la segunda, todo un aviso a navegantes: los mediocres se quedan fuera de juego. O aportamos valor diferencial o estamos fuera. La media, como mínimo, ya la aportas tú.*

CHATGPT: *Y este libro, ¿qué quiere ser?*

CLAUDIO: *Una conversación que sigue. Un hilo que viene de lejos y que quiere llegar más lejos aún.*

CHATGPT: *¿Hasta dónde?*

CLAUDIO: *Hasta todos los rincones en los que haya profesionales que crean que confiar y cooperar no es ingenuo... Quiero que* *quienes comparten esta mirada sepan que no están solos. Que somos muchos. Y también quiero hablarles a quienes todavía desconfían y compiten porque creen que es más seguro o más rentable.*

A ellos, especialmente, me gustaría dedicarles tiempo. Escucharlos. Conocerlos. Y decidir, mirándolos a los ojos, si les puedo vender mis gallinas. Porque sé —lo he visto— que, incluso en los entornos más duros, siempre hay alguien dispuesto a dar un paso. A abrir una rendija. A empezar de otro modo. Y cuando eso ocurre, la posibilidad se activa. Yo estoy listo.

Reconocimientos

A Marta García, Nuria Povill y Elizabeth Díaz, mis socias y compañeras de viaje, por querer acompañarme durante más de 24 años en esta tarea de construir confianza y cooperación. Por su trabajo, su entrega y su manera de sostener —con inteligencia y generosidad— este proyecto común. Sin ellas, ni este libro ni mi camino profesional habrían sido posibles.

A mis clientes, porque sin ellos este libro no tendría sentido. Con ellos, y de ellos, he aprendido todo lo que aquí intento compartir. Han sido y son mi mejor campo de práctica, mi mejor fuente de inspiración y mi mayor compromiso.

A todos los consultores de Solorelatio que, durante todos estos años, en un momento u otro, han compartido camino, mirada y convicción. Gracias por ayudarme a construir.

A Mario Sorribas Fierro, por un trabajo invisible que ordena, ajusta, depura y fortalece lo visible de los textos de este libro.

A Sergio Krupatini, amigo, referente y guía, por ser experto navegante de la complejidad y porque estoy seguro de que, allí donde esté, seguirá irradiando ideas profundas y humor para aquellos que lo quieran escuchar.

A Ignacio Martínez Mendizábal, por el chorro de luz que aporta su trabajo como antropólogo (y el de todo su equipo) de los yacimientos de Atapuerca en la comprensión de los orígenes de nuestra especie. Por emocionarme con sus hallazgos y por la poética de sus relatos que nos los acercan y hacen comprensibles. Por la historia de la Benjamina, de Miguelón, de Excalibur y de tantos otros. Y, cómo no, por su predisposición al escribir el prólogo de este libro. Gracias, Nacho, por honrarme con tu presencia y por desvelarme parte de «la esencia de la que estamos hechos».

Y, finalmente, a Nuria —mi compañera y socia en el camino de la vida— por soportar mis ausencias mientras escribía, por leer, releer y mejorar este libro con su criterio… y con su duende. Sin ella, este libro no sería el mismo. Ni yo tampoco.

Bibliografía

Libros fundacionales

Los libros que crearon, desarrollaron y mostraron nuestra mirada y nuestro modelo de valor total son el corazón conceptual de esta propuesta.

- Drapkin, C. (2014). *Verdades en juego*. Códice.
- Díaz, E., Drapkin, C., García, M & Povill, N. (2017). *La empresa total*. Profit Editorial.
- Díaz, E., Drapkin, C., García, M., Povill, N. *et al.* (2020). *Total Value Management*. Profit Editorial.
- Drapkin, C. (2023). *Umbrales*. Uno Editorial.

Libros de referentes que nos han modelado

Autores y obras que han dejado huella en nuestra manera de pensar la confianza, la cooperación, las organizaciones y la condición humana. Son fuentes que inspiran, cuestionan y amplían nuestro marco de comprensión.

- Andreu, R. (2014). *Huellas: Construyendo valor desde la empresa*. DAU.
- Argyris, C. (1993). *Knowledge for Action: A Guide to Overcoming Barriers to Organizational Change*. Jossey-Bass.
- Cardona, P. y Wilkinson H. (2009): «Cómo crear el círculo virtuoso de la confianza», *IESE Insight*, número 3, cuarto trimestre. P. 20-27.

- Cisternas, A. & Quintana, J. (2021). *Relaciones poderosas*. Ediciones Kairós.
- Collins, J. (2001). *Good to Great*. HarperBusiness.
- Correa Roman, J. (2024): «Foucault, sobre el poder, el conocimiento y la locura». En *Filosofía&Co* (12 de abril). Disponible en: *https://filco.es/foucault-10-claves/* (recuperado el 9 de septiembre de 2025)
- Covey, S. M. R. & Merrill, R. R. (2007). *El factor confianza: El valor que lo cambia todo*. Paidós.
- Dahl, R. (1999). *La democracia, una guía para los ciudadanos*. Taurus. (Pensamiento)
- De Geus, A. (1997). *The Living Company*. Harvard Business School Press.
- Diamond, J. (2016). *Power: A User's Guide*. Belly Song Press.
- Echeverría, R. (2001). *Ontología del lenguaje*. Granica.
- Edmondson, A. (1999). «Psychological Safety and Learning Behavior in Work Teams». *Administrative Science Quarterly*, 44(2), p. 350-383.
- Frankl, V. (1946). *El hombre en busca de sentido*. Herder.
- Gaillour, F. (s. f.). «Poder y violencia en Hannah Arendt: Una ruptura con la tradición». *El Búho* (Asociación Andaluza de Filosofía). Disponible en: *https://elbuho.revistasaafi.es/buho11/gaillour.pdf* (recuperado el 9 de septiembre de 2025).
- Giang, V. (2013). «The 7 Types of Power That Shape the Workplace». *Business Insider*. 31 de julio. Disponible en *http://www.businessinsider.com/the-7-types-of-power-that-shape-the-workplace-2013-7* (recuperado el 9 de septiembre de 2025).
- Haney, C., Banks, C. y Zimbardo, P. (1977). «Interpersonal dynamics in a simulated prison». *The Sociology of Corrections*, p. 65-92. Wiley.
- Harari, Y. N. (2014). *Sapiens: De animales a dioses*. Debate.
- Harari, Y. N. (2018). *21 lecciones para el siglo XXI*. Debate.
- Heifetz, R. A. (1994). *Leadership Without Easy Answers*. Harvard University Press.
- Kofman, F. (2001). *Metamanagement*. Granica.
- Krupatini, S. (2016). *Y ahora qué hacemos ante la complejidad*. Granica.
- Martínez Mendizábal, I. (2012). *El primate que quería volar: Memorias de la especie*. Espasa.

- Milgram, S. (1963): «Behavioral Study of Obedience». *The Journal of Abnormal and Social Psychology*. Vol. 67, núm. 4. Disponible en: *https://www.columbia.edu/cu/psychology/terrace/w1001/readings/ milgram.pdf* (recuperado el 10 de septiembre de 2025).
- Lavand, R. (2003). *La belleza del asombro*. Ed. Páginas.
- Maturana, H. & Varela, F. (1990). *El árbol del conocimiento*. Lumen.
- Morieux, Y. & Tollman, P. (2014). *Six Simple Rules*. Harvard Business Review Press.
- Neumann, John von, Oskar Morgenstern, and Ariel Rubinstein. *Theory of Games and Economic Behavior (60th Anniversary Commemorative Edition)*. Princeton University Press, 1944.
- O'Neill, O. (2013). *Qué no entendemos de la confianza*. TEDxHousesOfParliament (vídeo). Disponible en: *https://www.ted.com/talks/ onora_o_neill_what_we_don_t_understand_about_trust?language=es* (recuperado el 21 de julio de 2025).
- Ostrom, E. (1990). *Governing the Commons: The Evolution of Institutions for Collective Action*. Cambridge University Press.
- Pattakos, A. (2004). *Prisoners of Our Thoughts*. Berrett-Koehler.
- Rubio, L. (2015). *Os necesito a todos*. LID Editorial.
- Senge, P. (1990). *La quinta disciplina*. Granica.
- Spitz, R. A. (1945). «Hospitalism: An Inquiry into the Genesis of Psychiatric Conditions in Early Childhood». *The Psychoanalytic Study of the Child*, núm. 1(1), p. 53-74.
- Tomasello, M. (2010). *¿Por qué cooperamos?* Katz Editores.
- Torralba, F. (2012). *La confianza*. Milenio Publicaciones.
- Wagensberg, J. (2002). *Si la naturaleza es la respuesta, ¿cuál era la pregunta?* Tusquets Editores.
- Wagensberg, J. (2004). «Cómo perseverar cuando la incertidumbre aprieta bajo la ley general del cambio». *Pasajes*, núm. 14. Primavera. Disponible en: *https://www.revistasculturales.com/articulos/24/ pasajes/100/1/como-perseverar-cuando-la-incertidumbre-aprie- ta-bajo-la-ley-general-del-cambio.html* (recuperado el 10 de septiembre de 2025).
- Weber, M. (1969). *Economía y sociedad*. México: Fondo de Cultura Económica.

Textos vivos: lo que escribimos para pensar en nuestro blog

Publicaciones digitales, reflexiones en voz propia o en colaboración, donde fuimos desarrollando ideas que luego encontraron forma en este libro.

- Drapkin, C. (2016). *Obediencia a la autoridad*. Blog de *Solorelatio. com*. Disponible en: *https://solorelatio.com/obediencia-la-autoridad/* (recuperado el 10/9/2025).
- Drapkin, C. (2022). *El experimento Axelrod: cooperar siempre es una estrategia ganadora*. Blog de *Solorelatio.com*. Disponible en: *https://solorelatio.com/el-experimento-axelrod-cooperar-es-una-estrategia-ganadora/* (recuperado el 16/7/2025).
- Drapkin, C. (2022). *Sabía que ibas a venir*. Blog de *Solorelatio.com*. Disponible en: *https://solorelatio.com/sabia-ibas-venir/* (recuperado el 16/7/2025).
- Drapkin, C. (2023). *30 y 3 aprendizajes para cooperar*. Blog de *Solorelatio.com*. Disponible en: *https://solorelatio.com/30-y-3-aprendizajes-para-cooperar/* (recuperado el 16/7/2025).
- Drapkin, C. (2025). *La confianza y la cooperación: Una propuesta de manifiesto para las organizaciones del futuro*. Blog de *Solorelatio. com*. Disponible en: *https://solorelatio.com/la-confianza-y-la-cooperacion-una-propuesta-de-manifiesto-para-las-organizaciones-del-futuro/* (recuperado el 16/7/2025).
- Díaz, E. (2024). *¿Te sientes seguro en tu equipo?* Blog de Solorelatio.com. Disponible en: *https://solorelatio.com/te-sientes-seguro-en-tu-equipo/* (recuperado el 16/7/2025).
- Drapkin, C. & Lasagna, M. (2022). *12 claves para la cooperación abierta: La Red de Consultores Totales*. Blog de *Sintetia.com*. Disponible en: *https://www.sintetia.com/cooperacion-abierta-total-value-management/* (recuperado el 16/7/2025).

ANEXO:
Confianza y cooperación.
Una propuesta de manifiesto
para las organizaciones
del futuro

E n Solorelatio creemos que la confianza es la base, y la coopera-ción, el motor que permiten a las organizaciones afrontar gran-des retos, reflejo de su identidad y propósito. Sin confianza, los equipos se tambalean; sin cooperación, los resultados se vuelven dolo-rosamente alcanzables. Estas dos fuerzas sostienen a las organizaciones re-silientes, innovadoras y prósperas en un mundo complejo e incierto, y contribuyen así directamente al desarrollo empresarial y fortalecen una cultura organizacional sólida.

Sin embargo, confianza y cooperación no surgen de forma espontá-nea, son el resultado de una cultura organizativa bien diseñada, un li-derazgo que transforma y una constante práctica en el día a día. Este manifiesto es una invitación a reflexionar y actuar para construir organi-zaciones en las que las personas se sientan seguras, en las que conecten con la posibilidad de lograr resultados extraordinarios y a las que quieran pertenecer y contribuir.

La confianza: seguridad para crecer y avanzar

La confianza no es una idea abstracta; es el fundamento de toda relación humana y organizacional. Sin ella, las personas carecen de seguridad, y sin seguridad, es imposible que den lo mejor de sí mismas. Para las organizaciones que aspiran a contar con equipos de alto rendimiento, fomentar esta base es esencial.

- **Vulnerabilidad como cimiento.** La confianza se construye desde la vulnerabilidad, desde la capacidad de mostrar quiénes somos, expresar dudas y reconocer errores. Este cimiento humano permite que los equipos funcionen desde la autenticidad, sin máscaras, con rapidez, tomando decisiones audaces y afrontando desafíos con una actitud de aprendizaje.
- **La reciprocidad y el perdón como pilares esenciales.** La confianza exige reciprocidad: si confío en ti, espero que tú también lo hagas y lo demuestres. Este equilibrio es fundamental. Además, requiere capacidad de perdón, ya que las rupturas de confianza son inevitables, pero no deben destruir relaciones. La cultura del perdón fortalece a los equipos y fomenta su crecimiento.
- **Competencia, sinceridad y responsabilidad como techo.** La confianza no es ciega; necesita evidencias. Las personas confían en quienes son competentes, sinceros y responsables. Estos valores crean la seguridad necesaria para que los equipos actúen con confianza y determinación.

Cuando las organizaciones invierten en construir confianza, los resultados son tangibles. Las personas se sienten vistas, escuchadas y valoradas, lo que no solo mejora su desempeño, sino que también refuerza su compromiso y sentido de pertenencia.

La cooperación: posibilidades que emergen del trabajo conjunto

La cooperación no es simplemente trabajar juntos; es entender que las acciones de unos impactan en los resultados de los otros, y viceversa. La cooperación es lo que sustenta la interdependencia, pilar fundamental de una cultura organizacional que valora la colaboración y la innovación organizativa. Es el motor que transforma ideas en realidades y convierte desafíos en oportunidades.

- **Simplificación como clave.** La cooperación efectiva exige estructuras y procesos simples. La burocracia y las jerarquías excesivas obstaculizan el trabajo conjunto; reducir estas barreras permite una colaboración ágil y directa.
- **Romper los silos.** Los silos organizativos son muros que limitan el flujo de información, conocimientos, recursos y energía de la cooperación. Fomentar interacciones entre áreas y hacer visible la interdependencia es esencial para resolver problemas complejos y generar soluciones innovadoras.
- **Responsabilidad compartida.** En una cultura de cooperación, los éxitos y fracasos se comparten. Esto requiere un cambio de mentalidad: pasar de culpar a otros a asumir nuestra parte en los resultados. La cooperación es un acto de corresponsabilidad y se fundamenta en la construcción de acuerdos que regulen la acción e impliquen compromisos.

La cooperación abre un mundo de posibilidades. Cuando las personas se sienten parte de un esfuerzo colectivo, emergen nuevas ideas, aumenta la creatividad y se maximizan los resultados.

El liderazgo como puente entre confianza y cooperación

El liderazgo transformador es el puente que conecta la confianza con la cooperación. Quienes lideran tienen el desafío de inspirar, moldear comportamientos y diseñar entornos que favorezcan la colaboración, de modo que generen estructuras organizativas que impulsen el desarrollo empresarial.

Yves Morieux, de BCG, propone seis reglas para simplificar el trabajo y fomentar un liderazgo que impulse la cooperación:

- **Comprender lo que hacen los demás.** Las personas que lideran equipos y organizaciones deben invertir tiempo en entender las tareas y los desafíos de sus equipos, y se practica en el terreno, en la línea de producción, en las trincheras, no en los despachos ni en las salas de reunión. Esta empatía no solo fortalece la relación, sino que también facilita la conexión entre roles y departamentos.

- **Reforzar la integración.** Los líderes deben promover la cooperación entre funciones y áreas para evitar que los equipos trabajen en silos. Facilitar conexiones es clave para alcanzar objetivos comunes, sobre todo, de aquellas funciones que son esenciales en los procesos y de aquellas que tienen un mayor impacto en lo que reciben los clientes.
- **Aumentar el poder.** Empoderar a las personas colaboradoras para que tomen decisiones y asuman riesgos fomenta la agilidad organizativa. Un liderazgo que centraliza todas las decisiones limita la capacidad de respuesta y adaptación del equipo.
- **Extender la sombra del futuro.** Las acciones deben tener consecuencias a largo plazo. Es clave conectar las decisiones actuales con su impacto futuro; por ejemplo, involucrar a un diseñador de piezas en el servicio posventa, o a un comercial en el área de tesorería. Los líderes pueden fomentar esto estableciendo unos objetivos claros y mostrando cómo las decisiones actuales impactan en el futuro.
- **Fomentar la reciprocidad.** Los líderes deben crear un entorno donde ayudar a otros sea la norma. Esto implica valorar las contribuciones de todos, no solo de quienes sobresalen. En LEGO lo resumen así: «No castigues el error, castiga la falta de reciprocidad».
- **Recompensar la cooperación.** Reconocer y premiar los comportamientos cooperativos envía un mensaje claro: trabajar juntos no es solo una expectativa, sino un valor central.

Un liderazgo que aplique estas reglas no solo gestiona mejor la complejidad, sino que también construye un entorno donde la confianza y la cooperación florecen.

Beneficios tangibles de la confianza y la cooperación

Organizaciones con altos niveles de confianza y cooperación no solo son más eficaces, sino también más resilientes y atractivas para el talento.

- **Mejor desempeño, mejores resultados.** Equipos que confían y cooperan trabajan con mayor eficiencia, resuelven problemas más rápido y generan soluciones más creativas. Este enfoque promueve la innovación organizativa y asegura que las metas de desarrollo empresarial se cumplan. Generar «valor relacional» genera «valor económico».
- **Mayor satisfacción, motivación y vinculación.** La confianza y la cooperación fomentan un entorno seguro, lo que genera colaboradores más comprometidos, y unos colaboradores más comprometidos impulsan organizaciones saludables y altamente efectivas.
- **Innovación constante.** La cooperación facilita la combinación de perspectivas diversas, lo que resulta en ideas innovadoras y estrategias disruptivas.
- **Adaptabilidad al cambio.** En un entorno complejo, la cooperación permite a las organizaciones adaptarse rápidamente y responder a los desafíos.
- **Equipos de alto rendimiento.** Una cultura organizacional basada en la confianza y la cooperación permite que las personas alcancen su máximo potencial, lo que contribuye a una mayor adaptabilidad al cambio.

Nuestro compromiso

En Solorelatio, desde hace más de 25 años, trabajamos para que estas ideas centrales no solo sean principios abstractos, sino prácticas reales que puedan transformar las organizaciones. Por eso, desde la consultoría relacional, desde nuestros programas de desarrollo y desde nuestras metodologías propias, nos enfocamos en:

- **Diseñar culturas de confianza.** Ayudamos a las organizaciones a crear entornos donde las personas se sientan seguras y valoradas fomentando equipos de alto rendimiento.
- **Fomentar la cooperación.** Facilitamos espacios donde equipos diversos puedan cooperar, compartiendo recursos y objetivos comunes para el desarrollo empresarial.

- **Formar a líderes «totales».** Impulsamos un liderazgo «total», es decir, que modele y promueva los valores de la confianza y cooperación, que sea efectivo con los retos estratégicos y que cree condiciones para la adaptabilidad continua sin perder esencia ni identidad.

La verdadera batalla en las organizaciones no es contra los competidores, sino contra las barreras internas que limitan su potencial. La confianza y la cooperación son las herramientas más poderosas para derribar esas barreras.